國家社科基金重大項目（10&ZD104）

上海師範大學古籍整理研究所編
項目首席專家、主編　戴建國
主編　朱易安　傅璇琮　周常林

国家出版基金项目
NATIONAL PUBLICATION FOUNDATION

全宋筆記

第七編　七

大象出版社

顧　　問　王水照　朱瑞熙　徐　規　李裕民

項目首席專家、主編　戴建國

主　　編　朱易安　傅璇琮　周常林

編纂委員會（以姓氏筆劃爲序）

王劉純　朱易安　李亞娜　周常林　俞　鋼　查清華

徐時儀　陳　新　張劍光　傅璇琮　虞雲國　戴建國

目録

⊙葉大慶撰

考古質疑

李偉國　整理

點校説明

《考古質疑》六卷，葉大慶撰。葉大慶字榮甫，《四庫提要》謂其里貫不詳，《光緒處州府志》、《光緒龍泉縣志》及清《浙江通志》，均以其爲龍泉（今屬浙江）人，開禧元年（一二〇五）進士。明陳耀文《經典稽疑》稱其爲「老儒括蒼葉大慶」。按隋開皇四年（五八四）置處州，治括蒼，唐改括蒼爲麗水，龍泉在其轄境，則其里貫與諸方志所記合。其仕途止於建寧府學教授。其生活的年代，在孝宗淳熙間至理宗寶慶、紹定中。

本書共七十八條，内容涉及歷朝史實、典章制度、文字訓詁、詩詞文章等許多方面，而以考證史書史實部分爲最多。葉氏讀書認真，學問淹貫，所做考證鑿鑿有據，説服力很强。比如論《史記》記事參考互見失誤之因，論留中之始，探策書之源，辨《中説》之作，指《説苑》之誤等等，均甚中肯可觀。書中的大部分條文，往往不止涉及一個問題，而是將一類問題歸納起來進行研究，不是單純給讀者一個結論，或者只用寥寥數語加以説明，即下斷語，而是旁徵博引，層層深入，説理透徹，文字詳贍，做成了一篇篇結構完整的論文。如卷三論年號錢，在分析了吴曾《能改齋漫録》和王觀國《學林》之誤以後，進而用更多的篇幅論述唐代爲何「開元」錢獨多，以及其他相關問題，共一千五百餘字，條分縷析，十分全面。

葉氏考證史實，咄咄逼人，不容置辯，偶有議論，亦甚通達。如卷五用大量篇幅考訂蘇東坡詩文用事之誤，末了卻引用趙次公並加以評論説：「撼樹之徒，遂輕議先生爲錯，殊不知先生胸次多書，下筆痛快，不復檢本訂之，豈比世間切切若獺祭魚者哉！」「大慶謂……後生晚學，影響見聞，乃欲以是借口，豈知以東坡則可，他人則不可，當如魯男子之學柳下惠可也。」又同卷爲王羲之《蘭亭序》、王勃《滕王閣序》辨誣，謂其「不入《選》、《粹》，而傳至於今，膾炙人口，良金美玉，自有定價，所謂瑕不掩瑜，未足韜其美也」。由此觀之，葉武子序評此書「考訂詳密，援引該博，而議論精確，往往出人意表」，實非溢美。

此書散佚已久，宋元各家書目不見著録，今本爲清四庫館臣從《永樂大典》中輯出者，自《四庫全書》加以編録及武英殿聚珍版印出此書之後，又有《海山仙館叢書》、《嘯園叢書》、《清芬堂叢書》、《仿知不足齋叢書》等相繼收録，而所據均爲武英殿本。這次整理，以武英殿本爲底本，校以《四庫全書》文淵閣本和文津閣本及《永樂大典》殘本所載《考古質疑》。今《大典》殘卷中尚可見佚文數條，清文廷式曾獲讀遭劫前之《大典》，從中輯得爲四庫館臣遺漏文字多條，載於其筆記《純常子枝語》中，今均録出附於後。正文中間雜的注文，一爲作者自注，一爲四庫館臣所加，均仍保留。《考古質疑》行文，多有徵引，以其與今存之有關各書相較，時見異文。古人引書，或憑記憶，未必字字與原文相同，且多節引，或所見版本與今本有異，今爲明確引文起訖，以便於閲讀，凡屬此類引文，一般亦以引號包容之。至於其中的異文，凡有使文意發生較大出入者，則以校記説明，但不改動原文，以存其舊。其他原文疑有訛誤之處，亦在校記中略加考訂。

卷一

温庭筠《乾𦠆子》曰：「張由古無學，對衆嘆『班固文章不入《文選》』，衆對以《兩都賦》、《燕然銘》，由古曰：『此是班孟堅，非固也。』」吁！由古無學，其以班固、孟堅爲二人，亦何足怪。大慶嘗因是而泛觀之。伯益、柏翳，一人也，《史記》于《陳杞世家》則以爲二人。原註：《鄭語》云：「嬴，柏翳之後。」《漢·地志》：「秦之先伯益，爲舜虞官，養草木鳥獸，賜姓嬴。」則益、翳乃一人，聲轉故字異爾。《史記·陳杞世家》之末乃云：「柏翳之後封爲秦。」又云：「垂、益、夔、龍，其後不知所封。」是以翳、益爲二人也。 闞止、子我，一人也，《史記》于《田敬仲世家》則以爲二人。原註：《左傳》哀六年說闞止之事，杜預注以爲「子我也」。《史記·齊世家》賈逵注亦曰「子我也」。及《田敬仲世家》乃云「子我者闞止之宗人」，又云「田氏之徒追殺子我及闞止」，此以一人爲二人也。 士會、范武子，一人也，王良、郵無恤，亦一人也，《漢史》于《古今人表》皆以爲二人。公輸、魯班，一人也，顔師古疑爲二人。原註：《賓戲》註【一】。 豈非皆失之不考歟！由是而觀，則于張由古何責！雖然，是固以一人爲二人也。而其間又或以二人而爲一焉。《左傳》：少昊有子曰重，顓帝有子曰黎。二人各出一帝。司馬遷併以重黎爲國祖，又以重黎爲官號，而吴回爲之後。案：《永樂大典》原本脱後字，今據《史記·吴世家》補入。 故束晳譏遷併兩人而爲一，謂此也。原註：《左傳》事見昭二十九年：

校勘記

【一】賓戲註 《賓戲》文出《漢書》卷一百「賓戲主人曰」以下，《文選》録入卷第四十五，題曰《答賓戲》，而今本李善註、五臣註《文選》此文未録顔師古註，顔註「班輸即魯公輸班也，一說班，魯班也，與公輸氏爲二人也，皆有巧藝也」云云，只見于《漢書》。然本書卷三又有「若夫李善註《文選》，其于《賓戲》則引《史記》」云云，則知作者所引《賓戲》爲《文選》篇名，姑標篇名號。

木正曰句芒，其祀重；火正曰祝融，其祀黎。孔安國注《吕刑》亦曰：「重即羲，黎即和。」《太史公自序》亦云：南正重司天，北正黎司地。揚子《法言·重黎篇》亦同。今于《楚世家》乃合爲一人，何耶？束晳之言見《通鑑·帝嚳紀》註。○案：「木正曰句芒，火正曰祝融」，二句係《左傳》，「其祀重」，「其祀黎」，二句係杜註，此註未分晰。至于虞仲、夷逸，二人也，班固以爲仲雍竄于蠻夷而遁逸。吁！以遷、固之博洽，其失猶爾，況他人哉！

司馬遷作《史記》，班固作《漢書》，然《漢書》季布、蕭何、張耳、袁盎及張騫、李廣、衛、霍等贊，大略多與《史記》同。原註：《漢書·張騫贊》即《史記·大宛傳》後。或全取本文，或改易數字，此無他，馬作于前，班述于後，觀《史》固無可疑。然竊怪《司馬相如傳贊》乃固所作，而《史記》乃謂「太史公曰」，全與《漢書》同。夫遷之所作，在固容或承襲之，如固之所作，遷安得預同之哉！且遷在武帝時，揚雄生于漢末，今《相如傳》後且引「揚雄以爲靡麗之賦，勸百諷一」，此班固作贊曉然矣，何爲《史記》乃以爲太史公之語而雜于其間耶？諸家註釋，並不及此，大慶讀至于此，竊嘗惑之，徧假諸本校之，又皆一同，因反覆而究之。《公孫弘傳》乃載平帝元始中王元后詔賜弘子孫爵，徐廣註云：「後人寫此及班固所稱，以續卷後。」乃知相如之贊，亦後人寫入，而託之太史公也。于是喟然歎曰：古人著書，多爲後人所加，以啓學者之疑，何可勝紀！《九州箴》，揚子雲所作也，唐徐堅《初學記》所載《潤州箴》乃有「六代都興」之語。原註：《漢書·揚雄贊》曰：「箴莫善于《虞箴》，作《州箴》。」晉灼曰：「九州之箴也。」《初學記》揚雄《潤州箴》曰：「洋洋潤州，江山秀遠。蔣廟鍾山，孫陵曲衍。江寧之邑，楚曰金陵。吳、晉、梁、宋，六代都興。」雄生西漢之末，安得預有「吳、晉、梁、宋，六代都興」之語哉！《藝文類聚》，唐太宗時歐陽詢所編也，而有蘇、李、沈、宋之詩。原註：正月十五日有蘇味道《夜遊詩》，洛水門有李嶠《拜洛詩》，寒食門有沈佺期、宋之問詩，四子皆後人，歐陽安得預編之也！　是皆後人所加，使人不能無疑類如此，觀者不可不知。

《史通》曰：「《春秋》者，繫日月以爲次，列時歲以相續，中國外夷，同年共世，莫不備載。理盡一言，語無重出。此其所長也。然絳縣之老、杞梁之妻，或以酬晉卿而獲記，或以對齊君而見録。其有賢如柳下惠，仁若顔回，終不得彰其名氏，顯其言行，此其所短也。」蓋子玄所謂《春秋》，非指孔子之經，乃指左氏編年之傳而言爾。大慶按：《論語》子曰：「臧文仲其竊位者與？知柳下惠之賢而不與立也！」注云：「柳下惠，展禽也。」按《國語》柳下惠姓展名獲，字季禽。今《左傳》亦引仲尼曰：臧文仲不仁者三，下展禽【二】。原註：見文公二年。　又魯犒齊師受命于展禽。原註：僖公二十六年。　杜氏皆以柳下惠釋之，非不明甚。是則展禽即柳下惠也。今曰賢如柳下惠，終不彰其名氏，無乃劉子不細考歟！

《書》之《秦誓》，乃穆公自悔而作爾，《史記》則以爲作于「渡河焚船、大敗晉人」之後。《盤庚》三篇，乃因遷都告諭臣民而作爾，《史記》則以爲「盤庚弟小辛立，殷道衰，百姓思盤庚，作《盤庚》三篇」。至于《文侯之命》，乃周平王東遷，晉文侯仇有安定之功，故

【二】「臧文仲」至「展禽」　此引《左傳》有删節，至語意費解，今録其句於下。《左傳·文公二年》：「臧文仲其不仁者三……下展禽，廢六關，妾織蒲，三不仁也。」

錫命之爾，《史記》則以爲周襄王命晉侯重耳。原註：重耳亦謚曰文。蓋襄王之命重耳，《左傳》以爲用平禮也，言用平王享文侯仇之禮以享重耳也，其義甚明。原註：僖公二十八年。《史記》乃併引「父義和，丕顯文武，能謹明德，案：《史記》作「能慎明德」，此避宋孝宗諱作「謹」字。昭登于上，布聞在下，維時上帝，集厥命于文、武」，于是晉文公稱霸。是指義和爲重耳也。今以《尚書》之《序》考之，《秦誓》曰：「秦穆公伐鄭，晉襄公帥師敗諸崤，函歸作《秦誓》【三】。」盤庚之序曰：「盤庚五遷，將治亳殷，民胥怨，作《盤庚》三篇。」「平王錫晉文侯秬鬯、圭瓚，作《文侯之命》。」非不明白，《史記》乃牴牾如此。蓋三書雖得于伏生所傳，是時孔子百篇之序，遭巫蠱事未立于學官，故遷不及見，所以與《書序》之言不同歟？又如秋熟未穫，雷電以風，拔木偃禾之事，乃周公居東未還之時，故成王曰：「惟朕小子其新逆，我國家禮亦宜之。」王出郊，天雨，反風，禾起歲熟。《書》所載甚明也；遷《史》于《魯世家》乃云：「周公卒後，秋未穫。」此亦遷《史》之誤，君子取信于《書》之《金縢》可也。

遷《史》或于《楚世家》紀陳事，《晉世家》紀鄭事，所以使人參觀互考也，然時有謬誤。《秦紀》武公十三年，載齊管至父立公孫無知，晉滅霍、魏、耿。大慶按，《左傳》無知立于魯莊公之八年，霍、魏、耿之滅，乃閔公元年也，相去二十五年而聯載之，誤矣。又以《晉世家》考之，晉侯緡十九年，載管至父之事，至獻公十六年滅霍、魏、耿，亦可見非同年

【三】函　《尚書·秦誓》作「還」，是。此當係「還」草書形近「函」而訛。

之事，而《秦紀》之誤甚明。又《魯世家》載宋武公之世敗翟于長丘，獲長翟緣斯，而《宋世家》乃于昭公四年云，宋敗長翟緣斯于長丘，又于《年表》載之，且武、昭相去百四十餘年，註家但以爲未詳。大慶以《左傳》考之，「初，宋武公之世」，「敗狄于長左，獲長狄緣斯」。則知《宋世家》、《年表》所載爲誤。然遷所以誤者，蓋由魯文公十一年乙巳即宋昭公之四年，魯以是年敗長狄于鹹，獲長狄僑如，左氏因舉前緣斯之事以載長狄之始末爾，遷遂誤認爲同時事，而以爲宋昭之四年。註家不考之左氏以正其誤，亦太鹵莽矣。

《前漢·藝文志》：「秦燔書禁學，濟南伏生獨壁藏之。漢興亡失，求得二十九篇。」及遷、固《儒林·伏生傳》皆云：秦時禁書，伏生壁藏之。而孔安國《書序》乃云：「我先人用藏其家書于屋壁。」顔師古註《藝文志》，又引《家語》云：「孔騰字子襄，畏秦法峻急，藏《尚書》、《孝經》、《論語》于夫子舊堂壁中。」而《漢記·尹敏傳》「孔鮒所藏【四】。」未知孰是。大慶觀《孔叢子》，子魚名鮒甲，或謂之子鮒，或稱孔甲，陳勝既立，尊以博士，爲太師，子魚曰，「秦將求天下之書焚之，書不出則有禍，吾將先藏之」云云。又按《史記·孔子世家》云，孔子生伯魚，伯魚生子思，子思生子上。又云子上生子家，子家生子京，子京生子高，子高生子順，子順生鮒，爲陳涉博士，鮒弟子襄，嘗爲惠帝博士。觀此，則鮒與子襄皆子順之子，兄弟也。意者相與藏之，故《家語》謂之子襄，《尹敏傳》謂之子鮒，未害也。彼伏生亦自壁藏，與孔壁所藏無相與也。但《隋志》又云：「魯共王壞孔子舊

【四】「漢記」至「所藏」《漢記》當爲《東觀漢記》，然今輯本《東觀漢記·尹敏傳》未見有「孔鮒所藏」等語。

宅，得其末孫惠所藏之書，字皆古文。」又與子襄、子鮒不同，未知何據而云爾。

《匡衡傳》：諸儒語曰：「無説《詩》，匡鼎來；匡説《詩》，解人頤。」愚謂「來」字《漢書》雖無音義，當以釐音讀之，蓋經已有明證。《左傳》宣二年，城者謳華元曰：「于思于思，棄甲復來。」音義曰：「來，力知切，以協上韻。」是以來爲釐音也。又《詩·終風》曰：「莫往莫來，悠悠我思。」音義云：「古協思韻，多音梨，他皆放此。」謂「放此」者，如《詩》云：「瞻彼日月，悠悠我思。道之云遠，曷云能來。」又：「雞棲于塒，日之夕矣。羊牛下來，君子于役，如之何勿思。」又：「青青子佩，悠悠我思。縱我不往，子寧不來。」此並是協思韻者，所謂「他皆放此」，則皆棃音也。是以《劉向傳》引《周頌》「來牟」直作「釐麰」，蓋可見矣。《史記·貨殖傳》：「天下熙熙，皆爲利來；天下攘攘，皆爲利往。」又《文選》屈平《九歌》云：「乘赤豹兮從文貍，辛夷車兮結桂旗。被石蘭兮帶杜衡，折芳馨兮遺所思。余處幽篁兮終不見天，路險難兮獨後來。」漢《柏梁》詩：「平理請讞決嫌疑。原註：廷尉。修飾輿馬待駕來。原註：太僕。郡國吏功差次之。原註：鴻臚。」韓文《平淮西碑》云：「既定淮、蔡，四夷畢來。遂開明堂，坐以治之。」所謂「來」字，皆當依《左傳》、《毛詩》音義讀之無疑。

周人以諱事神，然《雝》詩言「克昌厥後」，《噫嘻》言「駿發爾私」，何以不爲文、武諱耶？至于《周禮》一書，《七月》一詩，皆周公作也，《禮》有「昌本之菹」，《詩》有「觱發」

之詠，皆不之諱者。蓋周去古未遠，雖曰文爲之備，尚遺朴略之風，其避諱固未如後世之悉，特不敢指曰文王昌、武王發，若泛用二字，則未之諱也。如穆王名滿，其後有王孫滿；襄王名鄭，諸侯亦有衛侯鄭。雖曰魯以獻、武廢二山，是特當時爲尊者諱，故改具敖之名而承襲不易，厥後魯國又有公孫敖。亦足以見泛而言之，未嘗諱也。後世諱政而改正月，且易其音，視周爲密矣。觀王嘉上封事「無教逸欲有國」，是固爲高祖諱矣。及韋孟諫詩有曰：「總齊羣邦。」自是而下，犯高祖之諱者凡至五六，孟當楚王戊之時，去高祖爲未久，而獨不之諱，豈漢初懲秦苛禁，凡事簡易，其避諱亦未如後世之悉，至武帝諱徹，遂改徹侯爲通侯，原註：見蔡邕《獨斷》。自是之後，所諱遂密于前歟？觀《漢書》，蒯徹謂之蒯通，固爲武帝諱矣。至于景帝名啓，《史記》謂之微子開，而《漢紀》元封元年詔書，有「夏后啓母石」之言，何爲不避之耶？顔師古謂史追書之，班固非漢臣子歟？況《刑法志》「建三典以刑邦國」與「萬邦作孚」之類，皆不爲始祖避，何耶？唐陸贄《論關中事宜》曰：「與理同道罔不興。」《請釋趙貴先罪狀》曰：「脅從罔理。」韓文《進士策問》曰：「堯、舜垂衣裳而天下理。」又曰：「無爲而理者，其舜也歟！」「治」字皆易爲「理」，避高宗諱也。然韓文《潮州上表》曰「朝廷治平」，曰「爲治日久」，曰「政治少懈」，曰「巍巍治功」；《賀即位表》云「君臣相戒以致至治」；《舉張惟素自代》曰「文學治行，衆所推與」；《舉韓泰自代》曰「悉心爲治」；何爲不避之耶？又中宗諱顯，而韓文《袁州上表》曰「顯文頻義和顯曜乘清熉」，《舉韋顗自代》曰「顯映班序」，至柳子厚《鼓吹曲·涇水黄》篇云「其日景辰矣，」而《賀慶雲表》乃曰「其氛」，皆犯中宗之諱，何也？韓公《羅池廟碑》曰「命官分土，則《崧高》、《韓奕》、《烝人》矣。」案：「命官分土」等日丙戌」，子厚《平淮夷雅》曰「以和萬民」，又何耶？是二者容或句，係《平淮夷雅》之表，此似脱表字。而韓《賀即位表》乃曰「刊行之誤，而顯、治二字，用之非一，不應皆誤也，當俟知者質之。

卷二

《尚書·微子》篇曰【一】：「微子若曰，父師少師，殷其弗或亂正四方。」孔安國注：「父師，太師，三公【二】，箕子也； 少師，孤卿，比干也。」及《史記·殷紀》乃云：「紂淫亂不止，微子數諫不聽，與太師、少師謀，遂去。 比干曰：『爲人臣者，不得不以死争。』乃强諫。 紂剖比干心，箕子懼，乃佯狂爲奴，紂又囚之。 殷之太師、少師乃持其祭樂器奔周。」至《周紀》又云：「紂殺比干，囚箕子。 太師疵、少師彊抱其樂器奔周。」又《宋世家》：「微子數諫，紂不聽，欲死之，及去，未能自決，乃問于太師、少師。 箕子被髮佯狂爲奴。比干諫，紂剖其心。 太師、少師乃勸微子去，遂行。」注家但云：「時比干已死，而云少師者似誤。」據《史記》，三處皆見【三】太師、少師，非即【四】箕子、比干，況《周紀》【五】明言太師名疵，少師名彊，《漢·古今人表》亦有太師疵、少師彊之名。 殊與安國不合。 竊謂【六】二子同武帝時人，何以所見異而言不同歟？ 又本朝蘇子由作《古史》，乃從安國説，劉道原作《通鑑外紀》，又從史遷説。 二公乃我宋巨儒，各主一説，未知孰爲至當歟。

大慶舊見一策問云：「齊伐燕，史遷以爲湣王，而孟軻則曰宣王。 近世有作《古史》者，嘗正軻之失。 軻之書得于親見，遷之《史》出于傳聞，而《古史》斷然以爲湣王而不信

【一】《永樂大典》卷九百十八引《考古質疑》此條原有題曰《論史記所載父師少師非箕子比干》。

【二】三公　同前原引作「二公」。

【三】見　同前原引作「以」。

【四】非即　同前作「即非」。

【五】況周紀　同前「況」作「獨」。

【六】竊謂　同前作「切爲」。

《孟子》，何也？」原註：大慶按，《古史·孟軻傳》：「齊湣王聞燕噲之亂，將伐燕，沈同問孟子曰：『燕可伐歟？』孟子曰：『可。』齊人伐燕，克之，諸侯多謀救燕，或問孟子：『勸齊伐燕何也？』孟子曰：『我言燕之可伐，而不言齊之可以伐燕也。』」注曰：「史記·齊世家》言孟子勸齊湣王伐燕，是不考之《孟子》也。而《孟子》稱宣王伐燕，亦失之矣。」蓋《古史》乃蘇公轍所作，其子遜爲之註也。　當時對策者，固不暇詳究。大慶近見《儒學警悟》一書，内有《陳氏新話》云：「齊宣王伐燕，見于《孟子》，而《史記》無其事，《燕世家》乃云燕王噲立三年，聽蘇代言，以國遜子之，國大亂云云。孟軻謂齊湣王曰：『今伐燕，此文、武之時，不可失也。』王因令章子將五都之兵，因北地之衆以伐燕。燕君噲死、子之亡二年，而燕人立太子平，是爲昭王。此與孟子、沈同問答事同。則此伐燕乃湣王也，燕噲之立，當湣之四年，噲亡而昭王立二十六年，燕與秦、晉五國共擊齊，而燕獨入，至臨淄取其重器，湣王亡走莒。此則《孟子》所謂『諸侯多謀救燕，伐寡人』者也，皆湣王時事。孟子遊齊、梁，當知其詳，其自著書不知何以誤爲宣王。退之曰：『孟軻之書，非軻自著，其徒相與記軻所言爾。』意其以此故誤也。」原註：以上皆陳氏説。　大慶嘗考之，《史記·齊世家》即無宣王伐燕事，至《燕世家》雖云齊宣取十城，後因蘇秦之説，復以歸燕，乃在燕易王時，非噲也。及後噲立，遜國子之，國大亂，諸將謂齊湣王曰「因而赴之，破燕必矣」云云。大慶又以《六國年表》考之，齊宣王立于周顯王二十七年，凡立十九年而薨，乃顯王四十五年也。子湣王立，湣王四年，燕噲方立，是噲不與齊宣同時也。噲立五年而遜國，又三年而齊破燕，即周赧王之元年，時宣王死而湣王立十一年矣。然則伐燕乃湣王，非宣王，誠如陳氏之論。原註：但陳氏以沈同問答時爲湣王時，此不過據《史記》世家及年表而言爾，是猶可也。若謂燕與五國共擊齊，而燕獨至臨淄，以爲《孟子》所謂「多謀救燕」者，未必然也。蓋齊伐燕至燕入齊時，前後二十七八年，不應孟子許多年常在齊也。初，齊伐燕，不從孟子「置君而後去」之言，燕人自立太子平，故曰「燕人畔」爾。雖然，大慶又考之《戰國策》，燕王噲既立，蘇秦死于齊。蘇秦之在燕也，與其相子之爲婚，而蘇代與子之交。原註：代，秦之弟。及秦死，而齊宣復用代，使于燕，燕王問：「齊王何如？」曰：「必不霸。」曰：「何也？」曰：「不信其臣。」代欲激燕王之厚任子之也。于是燕王大信子之。子之南面行王事三年，燕國大亂，儲子謂齊宣王「因而仆之，破燕必矣」，孟軻謂齊宣王曰：「今伐燕，此文、武之時，不可失也。」王因令章子將五都之兵，因北地之衆伐燕，燕王噲死，齊大勝，子之亡。由《戰國策》而觀，則齊宣伐燕與《孟子》脗合，又未可遽謂《孟子》爲誤也。然則以《孟子》爲誤，皆因遷《史》世家、年表而爲是言歟？司馬公作《通鑑》，乃于周顯王三十六年云：「齊威王薨，子宣王立。」顯王四十八年云：「燕易王薨，子噲立。」據比，則齊宣正與燕噲同時。原註：顯王在位四十八年，次年靚王立，又六年赧王立。赧王元年，燕國大亂，齊伐燕，且舉孟子答問之言甚悉。是歲齊宣王薨，子湣王立。然則齊宣十九年，《通鑑》亦與《年表》同，獨《年表》以宣王立于顯王二十七年，《通鑑》以宣王立于顯王三十六年爲異，故自是次第有差爾。温公《進通鑑表》，以爲「偏閲舊史，抉擿幽隱，校計毫釐」，豈有此大節目不加考究而或誤乎！況孟子荅問歷歷，《戰國策》又有可稽乎！然即《史記》參觀互考，紀、傳、世家之與年表，其前後歲月又皆相應，如伐燕一事，又未足以決《史記》之爲誤。獨有一事或可爲證，何者？以其未免自戾也。《越世家》云：越王無彊北伐齊，齊威王使人說越云，伐齊不如伐楚之利。越遂釋齊伐楚，楚大敗之，殺無彊，北破齊于徐州。按此則破齊于徐州，乃越因齊威之説而伐楚，楚因敗越之勢而破齊王，齊威王時也。《年表》于徐州之圍，乃載于顯王三十六年，爲宣王之世，豈非遷之自戾歟！然則徐州之圍，既爲威王之時，則齊宣非立于顯王二十七年可見，而《通鑑》所載爲得其實。原註：《通鑑》載楚敗越于顯王三十五年，楚圍徐州于顯王三十六年，是歲齊威王薨，子宣王立。是知伐燕爲宣王明矣。大抵即此可以明彼，而因其自戾，則尤可以辯而破也。大慶于此一世，蓄疑不決者幾年矣，今也考證獨勞，觀者毋但曰食肉者毋食馬肝，未爲不知味也，幸甚。

《史記》于《管仲傳》云：「後百餘年有晏子。」于《孫武傳》云：「後百餘年有孫臏。」于《屈原傳》云：「後百餘年有賈生。」蓋言其材行術業之相近似也。至于《滑稽·優孟傳》云：「其後二百餘年，秦有優旃。」此其用意亦與上文類例同也。但《淳于髠傳》乃云：「其後百餘年，楚有優孟。」似未免乎顛倒錯繆。何者？優孟與楚莊王同時，淳于與齊威王同時，楚莊乃春秋之世，齊威乃戰國之世，當云「其前百餘年，楚有優孟」可也。方疑此爲傳寫之誤，然而先傳髠而後叙孟，其列傳先後如此，則又非傳寫之誤，而《史記》真失矣。

《前書·曆志》曰："孝成世，劉向總六曆，列是非，作《五紀論》。向子歆究其微眇，作《三統曆》及《譜》以説《春秋》，推法密要，故述焉。"是則《三統曆》乃歆作也。司馬彪作《後漢志》，乃曰："自太初年始用《三統曆》，施行百有餘年。"大慶按，太初乃武帝年號，劉歆乃生于前漢之末，安得太初元年始用《三統曆》？又按哀帝建平二年，改爲太初元將【七】元年，若指爲此太初，則是時固有《三統曆》矣。但自此太初至建武八年朱浮、許淑等上書言曆不正之時，止三十六年，不應言施行百有餘年。由此觀之，其誤可知矣。

《事物紀原》曰："《漢儀》四，一曰策書。策，簡也。今册命即是。蓋始於漢。《書·顧命》曰：『丁卯作册書。』則漢緣周事也。"大慶謂《紀原》謂漢緣周事，固也，但所引《書》乃成王末年册立康王之事，前乎此者，如鄭司農引《春秋傳》曰：王命内史興父策命晉侯爲侯伯，其文曰："王謂叔父，敬服王命，以綏四國。糾逖王慝。晉侯三辭，從命，受策而出。"又按《書·洛誥》"王命周公後，作册逸誥"，皆册命之事，《紀原》所引，乃在後爾，非所謂原也。案：《左傳》襄王命晉文公事，距康王時年代已遠，此謂《紀原》所引在後，實誤。

《漢書》霍去病"爲票姚校尉"，服虔"音飄摇"，師古曰："票，頻妙切，姚，羊召切，勁疾之貌。荀悦《漢紀》作票鷂字。去病後爲票騎將軍，尚取票姚之字耳。今讀者音飄摇，則不當其義也。"此師古之説云爾。然古今詩人多作平聲用，如高適《送渾將軍出塞》

【七】太初元將　"將"，原作"壽"。

詩：「銀鞍玉勒繡鳌弧，每逐票姚破骨都。」李白詩：「漢家戰士三十萬，將軍誰者霍票姚。」杜子美《後出塞》詩：「借問大將誰，恐是霍票姚。」又云：「漢朝頻選將，應拜霍票姚。」又曰：「居然雙捕虜，自是一票姚。」又曰：「功成畫麟閣，獨有霍票姚。」杜牧詩：「守道還如周伏柱，鏖兵不愧霍票姚。」本朝王荆公亦云：「莫教空説霍票姚。」劉貢甫詩：「票姚不復顧家爲，誰爲東山久不歸。」歷觀作者，皆從服虔音，不取師古説，何耶？大慶蓋嘗考之，服虔之與鄭玄，皆漢儒宗也，後生晚學，至于寧道孔聖誤，諱言服、鄭非，蓋可見矣。服虔既音飄摇，所以後人皆從之。至唐顔師古始引荀悦《漢紀》以改其音義，然自唐以前，皆從服虔音，如梁蕭子顯詩《日出東南隅行》曰：「漢馬三萬匹，夫壻仕票姚。十五張内侍，十八賈登朝。」周庾信《夜聽擣衣》詩「擣衣明月下，夜静【八】秋風飄」云云，「寒夜【九】須及早，將寄霍票姚」，皆作平聲押，故後人承而用之，如唐李、杜及我本朝諸公亦皆作平聲，然則二字皆從服音，不取顔説。非不取顔説也，以顔氏未正音義之前，人皆從服音，故後人亦相沿襲而用之歟？

《司馬法》曰：「井十爲通，通出匹馬，三十家，士一人，徒二人。」《刑法志》曰：「四邑爲丘，丘十六井也，有戎馬一匹，牛三頭。」《司馬法》曰：「通十爲成，成百井，三百家，革車一乘，士十人，徒二十人。」《刑法志》曰：「四丘爲甸，甸六十四井也，有戎馬四匹，牛十二頭，甲士三人，卒七十二人。」《司馬法》曰：「成十爲終，終千井，三千家，革車十乘，

【八】夜静　《藝文類聚》卷六十七引作「静夜」。

【九】夜　同前引作「衣」，是。

士百人，徒二百人。」《刑法志》曰：「一同百里，定出賦六千四百井，戎馬四百匹，兵車百乘。」《司馬法》曰：「終十爲同，同方百里，萬井，三萬家，革車百乘，士千人，徒二千人。」《刑法志》曰：「一封三百一十六里，定出賦六萬四千井，戎馬四千匹，兵車千乘。天子畿，方千里，定出賦六十四萬井，戎馬四萬匹，兵車萬乘。」二説多寡不同，何也？古者車兼攻守，合而言之，皆曰革車，分而言之，曰革車，又曰輕車、重車。伍法至卒而備攻守車各一乘【一〇】，攻車用馬，守車用牛，攻車七十五人，守車二十五人，在攻車則曰甲士、曰步卒，在守車則曰徒。鄭注所引，因守車以見攻車，故士之數多。《刑法志》所載，因攻車以見守車，故有牛。古文質略，制皆互見，蓋古人之所習知，今之白首而不能通者也。其法則井、邑、丘、甸、縣、都，見于《周禮》，初無異者，第不深考之耳。然此制都鄙之法耳，若乃鄉遂，則又不然。蓋古之兵，鄉遂司徒所致，而都鄙司馬所致。故《司馬法》所載如此。鄭氏、班固有所未知，以爲周之軍政盡于此也。而又不知攻守車互見之説，宜乎其齟齬而莫能通也。但以百里爲同，兵車百乘觀之，可以知其無異制矣。

大慶近觀《文子》一書【一一】，凡一十二篇，謂之《通玄真經》，猶《莊子》所謂《南華真經》，《列子》所謂《沖虛真經》也。其書大率多載老子之言，或謂之老子弟子是也，而其序乃以爲周平王時人。按《史記·貨殖傳》註，裴駰曰：「計然，葵丘濮上人，姓辛，字文子，其先晉國亡公子也，嘗南遊于越，范蠡師事之。」《文選》曹子建《求通親親表》引《文子》

【一〇】「伍法」至「一乘」　疑有誤。前文引《漢書·刑法志》曰：「四丘爲甸，甸六十四井也，有戎馬四匹，牛十二頭，甲士三人，卒七十二人。」又《晉書·地理志》（卷六十四）引《司馬法》後有曰：「四丘爲甸，甸六十四井也，有戎馬四匹，兵車一乘，牛十二頭，甲士三人，卒七十二人。」據此，則原文當作「伍法至卒七十二而備攻守車各一乘」。

【一一】《永樂大典》卷一萬二百八十六引《考古質疑》原有題曰《論文子非周平王時人》。

曰：「不爲福始，不爲禍先。」此所引，乃《文子》第三卷《守虚篇》，而李善注云：「范子曰：『文子者，姓辛，葵丘濮上人，稱曰計然，范蠡師事之。』」又《北史》蕭大圜云：「留侯追蹤于松子，陶朱成術于辛文。」然則所謂文子，乃春秋末人也，但其書第五卷有「平王問于文子曰，吾聞子學道【一二】于老聃」云云，注家謂平王爲周平王，故其序遂以爲周平王時人。夫春秋起于魯隱，正周平王之時，是爲春秋之始，范蠡事越子句踐以滅吴，是乃春秋之末，前後相去二百餘年，乃謂文子爲周平王時人，可乎！ 況其書第一卷又載孔子問道于老子，老子曰：「正汝形，一汝視，天和將至。」是則老子與孔子同時，皆去平王時甚遠也。又其書《上仁》篇云：「伯樂相之，王良御之。」王良與趙簡子同時，亦春秋末年也，然則謂爲平王時人，豈不誤歟！ 曰孔子與老子答問，其爲同時固也，如上文之所援引，安得平王時有所謂老聃，而曰「吾聞子學道于老聃」，似真誤矣。但前史所述孔子，皆可考其所生之歲月，如老聃則莫推其始，止云姓李名耳，字伯陽，周守藏室之史也。嘗觀遷《史·周紀》，幽王時三川皆震，伯陽甫曰：「周將亡矣。」注云：「伯陽父，周柱下史老子也。」及幽王立褒后，太史伯陽讀《史記》曰「周亡矣」云云。 由此而觀，則太史伯陽即老子也，固已見于幽王之前，則平王謂「吾聞子學道于老聃」，又似非誤。 況孔子竊比於老、彭，説者謂老聃、彭祖，夫彭祖堯臣，綿唐、虞，歷夏、商，則老聃之年，遷《史》謂其修道以養壽，或者生于幽王之前，而綿歷春秋之季，亦未可知也。更俟智者質之。

【一二】道　同前原引作「得」，後同。

《新序》曰：「秦欲伐楚，使使者往觀楚之寶器。昭奚恤爲壇稱曰：『理百姓，實倉廩，令尹子西在此；守封疆，謹境界，葉公子高在此；理師旅，正兵戎，子反在此；攘霸王之餘義，獵治道之遺風，昭奚恤在此。惟大國所觀。』使反言于秦君曰：『楚多賢臣，未可謀也。』」原註：見第一章。大慶按，《通鑑》昭奚恤爲楚相，實周顯王十六年也，子反卒于魯成公十六年，即周簡王十一年也，自子反卒之日至奚恤相之時，前後二百二十年，豈得爲同時人乎！或恐別有子反，非死于鄢陵之戰者。然令尹子西卒于魯哀十六年，即周敬王三十九年也，下去奚恤爲相之時，亦百三十年矣，又豈同時乎！或者又謂楚非一子西，然葉公子高定白公之難，正與子西死白公之難爲同時，必此子西也，故大慶決知《新序》之誤無疑。原註：簡王在位十四年，靈王二十七年，景王二十年，敬王四十二年，元王八年，定王二十八年，威烈王二十四年，安王二十六年，烈王十年，以至顯王十六年，故曰二百二十年【一三】。雖然，諸子固非同時人也，然以意逆志，而有得其說。蓋數子皆楚名臣，奚恤姑欲以此誇示秦使，故歷舉諸人，謂理民、富國、守境、治兵，皆有其人，乃寓言也，而何必其時之同。正如東方朔對武帝「誠得天下賢士，公卿在位皆得其人矣，若以周、召爲丞相，孔子爲御史大夫，太公爲將軍，卞莊子爲衛尉，皋陶爲大理，后稷爲司農，魯班將作，史魚司直」云云，諸公固非同時人，亦姑以是寓言之爾。知此，則知《新序》奚恤之言矣。

大慶嘗論《新序》之誤蓋非一端，聊記于此。孟子對好色好勇之事，與齊宣王問答

【一三】原註所列周王之年有多處錯誤。自簡王即位至顯王十六年昭奚恤爲楚相，實有二百三十二年，而前文云「子反卒于魯成公十六年，即周簡王十一年也」，則「自子反卒之日至奚恤相之時，前後二百二十年」，甚是。然景王二十五年誤作二十年，敬王四十三年誤作四十二年，定王二十八年下漏考王嵬十五年，烈王七年誤作十年。

也，而《新序》乃以爲梁惠王，豈非誤乎！又《節士篇》所言《黍離》詩，乃周詩也，《詩序》非不明白，《新序》乃云「衛宣公之子壽，閔其兄且見害，而作是詩」，亦誤也。

漢祖謀臣腹心爲良、平，然三傑之稱，平不與焉，或謂帝知有吕氏之禍，將有賴于平，故于稠衆中推明得天下之由，以寓抑揚之意，不使平自足于前，而且勉其自效于後也。吁！天下之事惟其實而已，功既多而褒予之不至，則人固不能以自慰，未有功而誇詡之過情，則凡有尺寸之效者，豈能以厭服哉！明達如高帝，豈不知此！大慶嘗考之，秦二世元年九月，高祖起沛，蕭何主其謀，次年乃得張良，又一歲有餘而入關，舉秦取楚，蕭、張之謀居多。若夫還定三秦，擊魏破趙，脅燕襲齊，戰勝攻取，以蹙楚于垓下，淮陰之力也。陳平仗劍歸漢，乃二年三月也，時帝之起垂五年矣，三傑所以獻謀效力者非一，而平始至，其功之多寡有不待論者。況平以躡足耳語而封齊王，以養虎爲喻而追項羽，則又同張良而爲言，非平得專美也。終項氏之滅，不過間楚君臣一事爾。帝當即位之初，而論三傑之功，是時平豈可與三子同日語哉！蓋平之謀如遊雲夢以禽韓信之反，用秘計以解平城之圍，所謂六出奇計等事，要皆即位數年之後。高帝初年之言，則亦道其實爾，豈容預廁平于三傑之列哉！

《復齋漫録》曰：「臣僚文字留中之始，本于蘇頲知制誥，明皇曰：『卿所制文誥，可録一本進來，朕要留中披覽。』」按《後漢·楊賜傳》：「賜上書，會去位，事留中。」原註：

注：「謂所論事留在禁中，未施用之。」又：「東平王蒼上便宜，其事留中。」注：「留禁中。」又《史記·三王世家》，武帝子，羣臣請立閎、旦、胥爲諸侯王，四月，奏未央宫，留中不下。然則留中，漢已有之，見于遷、固之史，復齋謂本于蘇頲，誤矣。

校勘記

卷三

吴氏《漫録》云：「豫章《漁父詩》：『范蠡歸來思狡兔，吕公何意兆非熊。』又：『巖居大士是龍象，草堂丈人非熊羆。』按《六韜》、《史記》：『非龍非彲，非虎非羆。』無熊字，恐豫章别有所本。」大慶觀李翰《蒙求》云：「吕望非熊。」徐狀元補注且引《後漢·崔駰傳》注云：「西伯出獵，卜之曰：『所獲非龍非彲，非熊非羆。』」所謂非熊，蓋本于此。然《六韜》及《史記》本是虎字，唐人多作非熊。杜詩：「田獵舊非熊。」又《夔府秋日書懷》云：「熊羆載吕望，鴻雁美周宣。」《白氏六帖》于熊部、獵部、卜部皆作「非熊非羆」。蓋虎字乃唐太祖諱，所以章懷注《東漢書》雖引《史記》之文，特改非熊之字。杜甫、李翰、白居易，皆唐人也，故相傳皆作非熊，而豫章亦本諸此而已，何必更别求所本哉！或謂漢桓寬《鹽鐵論》云：「起磻溪熊羆之士。」則漢人固嘗以熊羆爲言，豈必因國諱而改？蓋熊羆乃世之常言，如《詩》云「維熊維羆」，《書》云「如熊如羆」，又云「則亦有熊羆之士」，故人皆以熊羆爲言。至于特改「非虎」爲「非熊」，實起于唐也。若夫李善注《文選》，其于《賓戲》則引《史記》曰：「所獲非龍非虎，非熊非羆。」于《非有先生論》則引《六韜》曰：「非熊非羆，非虎非狼。」其實非《史記》、《六韜》之文，特彷彿記憶而爲之注爾，不足爲據也。

吴氏《漫録》云：「王觀國《學林新編》謂：『唐三百年皆鑄「開元通寶」，無怪乎此錢之多。至五代有「天祐」、「天福」、「唐國」等錢。而本朝專以年號，然「宋通元寶」、「皇宋元寶」非年號者，「宋通」乃開寶時鑄，「皇宋」乃寶元時鑄，蓋錢文不可用二寶字，故變之。』原註：上皆王説。余考後魏孝莊時用錢稍薄，高道穆曰：『論今據古，宜改鑄大錢，文【一】載年號，以紀其始。』然則以年號鑄錢久矣，王説非也。」大慶謂王説之非固不止此，吴氏所論要亦未然。按《通鑑》梁武帝中大通元年，魏多細錢，高道穆上表「宜改鑄大錢，載年號以紀其始」，于是始鑄永安五銖，永安乃魏孝莊年號，以甲子考之，時己酉歲。案：己酉原本作己丑，與下文三十五年之數不符，考永安二年是己酉，今改正。又齊明帝建武二年，魏人未嘗用錢□□□□□□魏主始鑄太和五銖，太和乃元魏孝文年號。是則文載年號，已見于此時乙亥歲也，又先乎永安三十五年矣。故高承《事物紀原》云：「錢文以年，自魏孝文太和始。」蓋以此也。大慶又按杜佑《通典》：「宋景和二年，鑄二銖錢，文曰『景和。』」原註：景和二年，前廢帝年號，即永光元年，是年明帝即位，又改泰始，乙巳歲也。又：「宋孝武即位，鑄『孝建』四銖。」孝建元年，甲午歲也，又先太和四十二年矣。然則以年號鑄于錢文，當以南宋孝建、景和爲始，而北魏太和、永安皆後于此者也。故曰吴氏所論，要亦未然。乃若《學林》謂唐三百年皆鑄「開元」，無怪乎此錢之多，非也。按《唐・食貨志》：「高宗乾封元年，改鑄

【一】文　宋吴曾《能改齋漫録》卷四原作「又」。

『乾封泉寶』。肅宗乾元元年，改鑄『乾元重寶』。」而「代宗時又鑄『大曆元寶』」。謂三百年皆鑄「開元」，誤矣。又云五代有「天祐」、「天福」等錢，天祐乃唐末年號，初非五代，故曰王説之非，不止如吴氏所云也。「開元」所以獨多者，蓋自乾封改鑄之後，商賈不通，米帛涌貴，後行「開元」錢，天下皆鑄之。又武宗時，許諸道皆得置錢坊，李紳請天下以州名鑄錢，京師爲京錢，大小徑寸如「開元」。夫以高宗時天下皆鑄，武宗時諸道置坊；「開元」獨多，此也。吴氏又謂：「世所傳《青瑣集》，乃以『開元』錢明皇所鑄，上有甲痕，楊妃掐迹。殊不知《談賓録》：『武德中，進「開元」錢樣，文德皇后掐一痕，因鑄之。』然則《青瑣》云爾，其謬可知。《孔氏雜記》亦言：『「開元通寶」，歐陽詢撰其文并書，世俗不知，遂以爲明皇所鑄。』」大慶謂吴氏所引二書，正欲證其非明皇時，以辨《青瑣》之謬，然《唐紀》明言：「高祖武德四年鑄『開元通寶』，徑八分，重二銖四參，積十錢重一兩，得輕重大小之中。」原註：沈存中《筆談》云：「參乃絫字傳寫之誤爾，十絫爲一銖。」大慶據此，一錢重二銖四絫，則積十錢爲二十四銖，乃與一兩之言合。絫，力水切。《通鑑》亦載于武德四年：「命給事中歐陽詢撰其文并書，回環可讀。」原註：或讀曰「開元通寶」，或讀曰「開通元寶」，皆可。吴氏豈偶忘此耶？何必引《談賓録》爲證也！大慶又觀《通鑑考異》：「薛當《聖運圖》【二】云：『初進蠟樣，文德皇后【三】掐一甲，故錢上有甲痕。』又淩璠《唐政要録》【四】乃以爲竇皇后。按是時竇后已亡，文德未立，今皆不取。」《考異》之言如此，則《談賓録》亦未足爲據也，惟取信于史，則

【二】薛當聖運圖　《四部叢刊》影宋本《資治通鑑考異》作薛璫《唐聖運圖》。

【三】文德皇后　原誤作文德王后，與前文不合。

【四】唐政要録　《四部叢刊》影宋本《資治通鑑考異》作《唐録政要》。

知其爲武德所鑄足矣，區區甲痕，不足辨也。然自今而觀，「開元」錢亦有無甲痕者，有輕重大小不等者，有篆文者，有錢背之字不同者，蓋此錢非盡出于武德所鑄、歐陽所書，亦有高宗、武宗時所鑄者。若錢背有京、洛、潤、益者，由李紳請以州名鑄故也。竊怪近世刊行《涉世録》，乃謂：「開元皇帝時，有人詐作神降，帝問有何所求，其人乃云：『欲得錢百萬。』帝乃特鑄『開元』錢與之，以爲之别，俟其出用，則可捕矣。其後將出，罪人斯得。所有爪甲，乃錢樣將上，貴妃以爪掐之，帝命勿改，故至今有甲痕也。」此其説尤爲誕妄，不知何據而云。或謂：「錢文多載年號，明皇既以開元紀年，武德何爲乃鑄此錢也？」曰：「自我本朝，專以年號紀于錢文爾。考其自始，雖曰南朝之孝建、景和，北朝之太和、永安，案：魏年號爲太和，金年號爲泰和，原本誤太爲泰，今改正。然中間亦有不以年號者，如齊文宣之『常平五銖』，周宣帝之『永通萬國』是也。唐高祖『開元通寶』，亦此類耳。然則明皇之年偶符武德之錢文，而『開元通寶』非紀明皇之年號也。」五代相承，石晉于天福年間，則有二品，原註：曰「天福鎮寶」，曰「天福元寶」。前蜀王氏有「天漢」、「光天」、「乾德」、「咸康」，後蜀孟氏亦有「廣政」，皆以年號。外此如「大唐」、「唐國」等錢，其李主所鑄者歟？此又不以年也。惟我朝自初迄今，專以年號，獨開寶、寶元不然，有如《學林新編》所云者，蓋出于歐陽《歸田録》，其言是矣。或謂藝祖以建隆改乾德，今有「乾德」錢，安知其爲蜀錢乎？蓋我朝鑄「宋通」錢，體製厚廣，輪郭分明，自後如「太平」、「淳化」、「至道」、「景德」，以至「咸平」、「祥符」、「天禧」等錢，莫不皆然，彼「乾德」形式細薄，乃與「天漢」、「光天」、「咸康」、「廣政」等爾，以此知其爲蜀錢也。更俟識者審訂之。

開元十二年，張萬歲掌國馬。注引《唐統紀》云：「『萬歲三代典羣牧，恩信行隴右，故隴右人謂馬歲爲齒，爲張氏諱也。』按《公羊傳》晉獻公謂荀息曰：『吾馬之齒，亦已長矣！』然則謂馬歲爲齒有自來矣，豈爲張氏諱哉！」原註：以上見司馬温公《通鑑考異》。大慶謂此言是也，然豈特此哉！《左傳》襄公二十五年，楚蔿掩賦車籍馬，注謂：「疏其毛色歲齒，以備軍用。」案：原本二十五年作二十年，備軍用作補軍用，今據《左傳》注本增改。《曲禮》「齒路馬者有誅」，疏云：「齒，年也。若論量君馬歲數，亦爲不敬。」《周禮》馬質「書其齒毛」，説者謂：「書其齒之數以知其老壯。」顏延年《赭白馬賦》：「齒歷雖衰，而藝美不忒。」然則自古言馬歲必以齒，豈特見于《公羊傳》哉！因以四事併附于此。

今之文士，相承皆謂西漢無太學，推其源委，乃由晉灼之誤。晉灼釋《藝文志》曲臺：「天子射宫也，西京無太學，故于此行射禮。」考班固《武帝贊》既曰「興太學」，《儒林傳序》亦謂「成帝時，或言太學弟子少，于是增置弟子員」，《鮑宣傳》「舉旛太學下」，《王褒傳》「何武歌太學下」，是必有所謂太學矣。至于《三輔黄圖》，明言太學在長安西北七里。人徒見晉灼之言如是，又見「太常擇弟子奏高第」，遂謂西京果無太學，而附于太常。殊不知太常掌禮儀之官，五經博士皆隸之，故武帝悼禮樂之廢闕，遂令禮官勸學，以勵賢材，此正成周大司樂掌成均之法，樂師掌國學之政，大胥小胥掌學士之版，與徵令皆隸于春官大宗伯之意也，其可遽謂西京無太學耶！

《李廣傳》：「大將軍陰受上指，以爲廣數奇，毋令當單于，恐不得所欲。」孟康注：「奇，不耦也。」師古曰：「言廣命隻不耦也。」「數音所角切，奇居宜切。」前輩嘗辨之，以爲數乃命數之數，非疏數之數，而乃所角切，傳印之誤爾。宋景文《筆録》云：「孫宣公奭，當世大儒，亦以爲音朔。余後得江南《漢書》本，乃所具切，以此知誤以具爲角也。」大慶謂辨之誠是也。按《馮敬通集》曰：「吾數奇命薄，端相遭逢。」原註：見《藝文類聚》。徐敬業詩：「數奇良可歎。」原註：《文選》注：「音所具切。」王維詩：「衛青不敗由天幸，李廣無功緣數奇。」以數字對天字。杜詩：「數奇謫關塞，道廣存箕、潁。」以數字對道字。若作朔音，則爲虚字，不可以對天字。坡詩：「數奇逢惡歲，計拙集枯梧。」羅隱《酬高崇節》詩：「數奇常自愧，時薄欲何干。」然則以爲命數之數，而音所具切，明矣。

《列子》之書【五】，大要與《莊子》同，不可以其寓言爲實也。如《楊朱篇》云：「晏平仲問養生于管夷吾，夷吾問送死于平仲。」大慶以《史記·秦紀》及《穀梁傳》參考之，秦繆、魯僖之十二年，已言管仲死，原註：是歲癸酉，《史記·齊世家》以管仲卒于桓公四十一年，如此則是僖公十五年丙子，《齊世家》誤矣。平仲雖莫究其始，然《史記》載嬰死于夾谷之歲，則是魯定公十年也，自仲之死，至是已百五十年，使其問答，仲當垂死之歲，嬰方弱冠之時，嬰有百七十

【五】《永樂大典》卷一萬二百八十六引《考古質疑》此條原有題曰《論列子寓言》。

之壽矣，以此知其不然也。又《史記·管晏列傳》云：「仲卒，齊遵其政。後百餘年有晏子焉。」然則二子非同時，而《列子》之寓言明矣。《容齋隨筆》云：「《莊子》之鯤鵬，《列子》之六鼇，其語大若此。原註：《莊子》：「北溟有魚，其名爲鯤，鯤之大，不知其幾千里也。化而爲鳥，其名曰鵬，鵬之背，不知其幾千里也。」《列子·湯問第五》：「渤海之東，不知幾億萬里，中有五山，五山之根無所連著，帝使巨鼇十五，舉首戴之，迭爲三番，六萬歲一交焉，五山始峙而不動。龍伯之國有大人，一釣而連六鼇。」《莊子》之蠻、觸，《列子》之焦螟，其語小又若此。」原註：《莊子·則陽第二十五》云：「有國于蝸之左角，曰觸氏，有國于蝸之右角，曰蠻氏，時相與爭地而戰，伏屍數萬。」《列子·湯問篇》：「江浦之間，蟲曰焦螟，羣飛而集于蚊睫，弗相觸也，棲宿去來，蚊弗覺也。離朱方晝，拭眥揚眉而望之，弗見其形；師曠方夜，擿耳俛首而聽之，弗聞其聲。」大慶謂凡若此類，人固知其寓言，如引古人問答，容有未易覺者，故大慶特舉盜跖之譏孔子與管、晏之問答以明之【六】。

劉向校《列子》書【七】，定著八篇，云：「列子，鄭人，與穆公同時，蓋有道者也。孝景時貴黄、老術，此書頗行于世。」大慶按，謬公案：以下繆公即上鄭穆公，二字古通用，原本未畫一，今姑仍之。立于魯僖三十二年，薨于魯宣三年，正與魯文公並世。《列子》書《楊朱》篇云：「孔子伐木于宋，圍于陳、蔡。」夫孔子生于魯襄二十二年，繆公之薨五十五年矣，陳、蔡之厄，孔子六十三歲，統而言之，已一百十八年，列子繆公時人，必不及知陳、蔡之事明矣。況其載魏文侯、子夏之問答，則又後于孔子者也。不特此爾，第二篇載宋康王之事，第四篇載

【六】「故大慶」至「明之」　按所言二事，「盜跖譏孔子」見佚文《論莊子寓言》。

【七】《永樂大典》卷一萬二百八十六引《考古質疑》此條原有題曰《論列子書多後人增益》。

公孫龍之言，是皆戰國時事，上距鄭繆公【八】三百年矣。晉張湛爲之注，亦覺其非，獨于公孫龍事乃云：「後人增益，無所乖錯，而足有所明，亦何傷乎？如此皆存而不除。」大慶竊有疑焉，因觀《莊子·讓王篇》云：「子列子窮，貌有飢色。客有言于鄭子陽曰：『列禦寇有道之士也，居君之國而窮，君無乃不好士乎？』子陽即令官遺之粟，列子再拜而辭。使者去，其妻曰：『妾聞爲有道者之妻子，皆得佚樂，今有飢色。君過而遺先生食，先生不受，豈不命耶！』列子笑曰：『君非自知我也，以人之言而遺我粟，至其罪我也，又且以人之言。此吾所以不受也。』其卒，民果作難而殺子陽。」觀此，則列子與鄭子陽同時。及考《史記·鄭世家》，子陽乃繻公時，二十五年殺其相子陽，即周安王四年，癸未歲也。然則列子與子陽乃繻公時人，劉向以爲繆公，意者誤以繻爲繆歟？雖然，大慶未敢遽以向爲誤，姑隱之于心。續見蘇子由《古史·列子傳》，亦引辭粟之事，以爲禦寇與繻公同時。又觀吕東萊《大事記》云，「安王四年，鄭殺其相駟子陽」，遂及列禦寇之事，然後因此以自信。蓋列與莊相去不遠，莊乃齊宣、梁惠同時，列先于莊，故莊子著書多取其言也。若列子爲鄭繻公時人，彼公孫龍乃平原之客，赧王十七年，趙王封其弟勝爲平原君，則公孫龍之事蓋後于子陽之死一百年矣，而宋康王事又後于公孫龍十餘年，列子烏得而豫書之！信乎後人所增，有如張湛之言矣。然則劉向之誤，觀者不可不察，而公孫龍、宋康王之事爲後人所增益，尤不可以不知。

【八】鄭繆公　同前原引無「公」字。

道書：「東西南北各有斗星，又有所謂中斗。」是其所謂斗者凡五也。大慶按之儒書，止有三爾。《漢志》：中宮北斗七星，所謂「運于中央，臨制四海」者是也。《晉志》：北方南斗六星，所謂「斗星盛明，王道和平」者是也。《隋志》：「天市宮垣斗五星，仰則天下斛升不平，覆則歲穰。」此亦所謂斗也，止是三者，而道書凡五，原註：道書謂《度人經》也。與此不同，豈其各有所據歟？是固難以比而論之也。姑以《漢》、《晉》之《志》言之。既曰運于中央，而又謂之北斗，既曰南斗六星，而又謂之北方，何也？蓋天傾西北，形如倚蓋，雖曰維北有斗，而實居天中，亦猶《公羊》曰「北極，天之中也」，可以類推矣。四方列宿，隨時迭運，姑以春言之，井鬼柳星，見于南方，則斗牛女虛，爲北方之宿爾，以其正當北斗之衡，故彼既曰北斗，則此曰南斗，所以別也。原註：《漢志》：「北斗七星：杓、攜、龍、角、衡、殷、南斗。」晉灼注曰：「衡，斗之中央，殷，中也。」然而均謂之斗者，豈非雖多寡不同，而擬諸形容則一歟？

古字音義，有出于經史之通用，而《篇》、《韻》或不能盡載，亦不可不知也。蓋有音異義異而字則同，亦有音同義同而字則異，又有音同字同而義不可概論者，非詳觀博究不可也。如旁、招、行、樂之類，一字而有三四音義者，固不必論。原註：旁、招凡三音義，《詩》「駟介旁旁」，補彭切，强也。《經典》作蒲浪切者，迫也。《角招》、《徵招》，則音韶，《禮志·雲招》，則音翹。行、樂凡四音，行字則有文行、太行與行行之殊，樂字則有音樂、好樂與樂飢之別。此類甚多，不可枚舉。如以其多者言之，數字、假字至于五，厭字至于六，原註：數字所具切，《儒行》「遽數」，音所，《論語》「朋友數」，音朔，《周禮》「數目」，音促，《樂記》「趨數」，音速，凡五音。假字古雅切，《易》「王假有廟」，音格，《毛詩》音暇者，樂也，《曲禮》音遐者，遠也，假故之假，去聲，亦五音。厭，于艷切，《詩》「厭厭夜飲」，則平聲，《漢・高紀》「以厭當之」，則入聲，《禮》「畏厭溺」，則烏狎切，《大學》「見君子而後厭然」，則烏斬切，「厭浥行露」，于十切，凡六音。卷字、賁字，至于七，齊字、從字，至于八，辟字至于九，豈非音異義異而字則同歟？原註：書卷之卷，去聲，「卷而懷之」上聲，《詩》「匪伊卷之」，其言切，《記》「三公一命卷」音袞，「執女手之卷然」、《賈捐之傳》「竭卷卷」並音拳，《相如傳》「卷，曲也，丘專切」【九】，《地志》安定郡眴卷縣，應劭上音旬，下音箘，凡七音。賁字，彼義切者，飾也，音斑者，文章也，虎賁音奔，勇也，賁軍音奮，覆也，《樂記》「廣賁」之音扶問切，怒氣也，苗賁皇音墳，《黥布傳》「賁赫」，《地理志》「東海襄賁」，並音肥，凡七音義。齊字，在兮切，國名也，仄皆切，齋莊也，《記》「地氣上齊」，子兮切，「馬不齊髦」，于踐切，沈齊、盎齊，才細切，齊衰、齊盛，則即私切，「齊乎其敬」，子禮切，「行中采齊」，才私切，凡八音義。從字，「吾從周」之從，平聲，「從者見之」。才用切，「衡從其畝」，子容切，「欲不可從」，子用切，「從容中道」，音衝，「待其從容然後盡其聲」，音春，又音聰，又音崇，又在江切，辟字，部益切者，法也，必益切者，君也，匹智切者，喻也，「放辟邪侈」，則音僻，《曲禮》「左右攘辟」，則音避，《玉藻》「素帶終辟」者，音裨。「有由辟焉」，音弭，「一幅不辟」，則補麥切，《灌夫傳》「辟睨」，音普計切，九音義。如咎繇、原註：《晁錯傳》。中蘺、原註：《荀子》仲虺字。領聞原註：《揚雄敘傳》。之類，兩字而同音義者，亦不必論，姑以其多者言之。氓，民也，《詩》云「氓之蚩蚩」，《周禮》以爲甿，原註：《地官・遂人》。《晉志》則以爲萌。原註：《職官志》「獎導民萌」。《韶》，樂也，《語》云「樂則《韶舞》」，《周禮》以爲磬，原註：磬，大司樂。《史記》則以爲招。袞，服也，《禮》云袞冕，

【九】相如傳卷曲也丘專切　「卷」原作「拳」，《漢書》卷五十七上《司馬相如傳》顔師古註：「連卷，屈曲也。……卷音丘專反。」古「拳」、「卷」有通假例，因此處所諭爲「卷」字，爲使前後統一，據改。

《荀子》以爲捲，原註：《富國篇》。《禮記》則以爲卷。原註：《郊特牲》。擊柝，一也，而欜之與㮫爲不同。原註：上《周禮》，下《貨殖》。冕繅，一也，原註：《周禮》作繅。而璪之與藻爲異。原註：並《記》，上《郊特牲》，下《玉藻》。《詩》有檜之《國風》，《左傳》、《漢志》則有鄶、會之殊。原註：《左傳》襄二十九年，《漢書·地理志》。《論語》有鄹人之子，《孟子》、《史記》則有鄒、騶之别。《書序》有伏犧氏，《禮》注、《漢表》亦不一焉。原註：《太卜》註作虙戲，《漢·人物》、《百官表》並作宓羲。師古註：「字本作虙，傳寫訛謬爾。」《初學記》宓義，注：「虙古伏字，後誤以虙爲宓。」是一音義而字分爲三也。迓，均之爲迎也，《書》作「迓衡」，《禮》作「掌訝」，又「田僕」注作「逆衙」，《毛詩》作「百兩御之」，《左傳》作「狂狡輅鄭人」。原註：宣二【一〇】年。嗚呼，均之嘆聲也，《書》作嗚呼，原註：《無逸》。《詩》作於乎，原註：《烈文》詩。《記》作於戲，原註：《大學》。《王貢傳》以爲惡虖，《五行志》以爲烏嘑。響，均之爲音也，《易·繫》「受命如響」，《天文志》「鄉之應聲」，《甘泉賦》「薌聲歷鍾」，《過秦論》作嚮，《禮樂志》作享。是皆一音義而字爲五也。豈非音同義同而字則異歟？乃若古字借用，「聚人曰財」，則財貨也，《賈誼傳》之「財幸」，則與裁同，《文紀》之「財足」，則與纔同。「庶績咸熙」，則熙廣也，《禮志》「熙事備成」，則與禧同，《翟義傳》「熙念我孺子」，則與嘻同。此皆借之而通用也。至于茲之一字，《五行志》「賦斂茲重」，則通于滋，《樊酈贊》「雖有茲基」，則通于鎡，《荀子·正論》篇「龍茲華瑾」，則通于髭，而龜茲之音慈者不論也。繇之一字，如《文紀》「無繇教訓其民」，則通于由，班

【一〇】二「二」，原作「三」，據《左傳》改。

賦「先聖之大繇」，則通于猷，韋孟詩「犬馬繇繇」，則又通于悠悠，而咎繇、原註：皋陶。卦繇原註：音胄。與《李尋傳》之繇俗不論也。原註：繇俗音謠，義同。豈非音同字同而義不可概論又如此歟！此皆《篇》、《韻》不能載，故略摘一二以紀于此云。

古今之字不同，固有自繁而之省，亦或增少而爲多，不可概論也。以《周禮》考之，太宰「八灋」、後世以爲法，司樂「靁鼓」，後世以爲雷，籥章之「歈籥」，後世以爲吹，以至簭人之「九簭」，太祝之「九𢷬」，皆易之以筮與拜焉。其他如以廱爲雍，原註：《杜篤傳》。以譱爲善，原註：《前漢·禮志》。以龢爲和，原註：《賓戲》。以蠭爲蜂，原註：《項羽傳》。以鼂爲朝，原註：《嚴助傳》。以僊爲仙，原註：《郊祀志》。與夫鼅鼄、原註：《爾雅》蜘蛛字。蚍蠹原註：《五行志》蚍蜉字。之類，皆省于後也。以《漢書》考之，尉安之尉，或加以心，原註：《車千秋傳》。萬幾之幾，或加以木，原註：《王嘉傳》注。造耑之耑，或加以立，原註：《藝文志》。以至《禮志》之「屮木」、《幽通賦》之「東厶」，皆易之以草與鄰焉。其他如《論語》之知，增而爲智，《周易》之无，增而爲無，以甹爲敷，原註：《禮志》。以皃爲貌，以毄爲繫，原註：上《王莽傳》，下《景紀》。與夫昆侖、原註：《張騫傳》。夫容、原註：《相如傳》。毒冒、原註：《地理志》。武夫原註：《相如傳》。之類，皆增于前也。夫自繁而之省，無非取其傳寫之便易；增少而爲多，抑果何說耶？古字率多互用，其上下左右有不必拘，《漢祀志》之「崈高」，則與崇同義，《地志》之「麊泠」，則與麋同音，原註：交趾郡：泠音零。《晉志》作麋。是上下無間也。《左傳》之鄢陵，《五行志》則以爲隅，《尚書》之「謀猷」，《詩》則以爲猶。原註：《小旻》詩「我視謀猶」。《左傳》「鵝鸛之陳」，《孟子》「生䖟之饋」，是左右無間也。桑柘而《漢志》以爲枽原註：《地理志》。虹蜺而《漢志》以爲虹，原註：《天文》。蛾眉而《揚雄傳》以爲蛾，烽燧而《相如傳》以爲湰，皆以右而升上也。《爾雅》之「鶅鴞」，《東方朔》以爲鶻，《毛詩》之「峨峨」，《相如傳》以爲峩，皆以左而升上也。《張騫傳》以翕爲翎，《校獵賦》以岌原註：五合反。爲岋，原註：音同。則又以上而居左也。擘取之擘，《袁盎叙傳》以爲擗，鑒燧之鑒，《左傳》乃以爲「鞶鑑」，則又以下而居左也。然則古字率多互用，果何拘于上下左右之不同哉！

古人制字，皆有名義，或象形而會意，或假借而諧聲，或轉注而處事，莫不有義存乎其間。是以成周設官，外史達書名于四方，行人諭書名于九歲，凡以是也。故止戈爲武，原註：《左傳》宣十二年。反正爲乏，原註：宣十五年。皿蟲爲蠱，原註：昭元年。見于《左傳》者不一。雖然，要難一律論也。近世王文公，其説經亦多解字，如曰「人爲之謂僞」，曰「位者人之所立」，曰「訟者言之于公」，與夫「五人爲伍」，「十人爲什」，「歃血自明而爲盟」，「二户相合而爲門」，「以兆鼓則曰鼗」，「與邑交則曰郊」，「同田爲富」，「分貝爲貧」之類，無所穿鑿，至理自明，人亦何議哉！有如中心爲忠，如心爲恕，朱晦庵亦或取之。惟是不可解者，亦必從而爲之説，遂有勉强之患，所以不免諸人之譏也。

卷四

《説苑》曰：「趙襄子見圍于晉陽。罷圍，賞有功之臣五人，高赫無功而受上賞。張孟談曰：『晉陽之中，赫無大功，今與之上賞，何也？』襄子曰：『在拘厄之中，不失臣主之禮，惟赫也。子雖有功，皆驕寡人，與赫上賞，不亦可乎！』仲尼聞之曰：『趙襄子可謂善賞士乎！賞一人而天下之人臣莫敢失君臣之禮矣！』」原註：見第六《復恩》篇。按晉陽罷圍，乃貞定王十六年，孔子卒于魯哀公十六年，即周敬王四十一年也，後一年而元王立，九年而貞定王立，至十六年，時孔子卒已二十六年，此謂「趙襄子善賞士」爲仲尼之言，考其年歲先後，則知其誤也。

《説苑》：「楚莊王築層臺，大臣諫者七十二人，皆死矣。諸御己違楚百里而耕，謂其耦曰：『吾將入見于王。』其耦曰：『説人主者，皆閒暇之人也，然且至而死矣，今子特草茅之人爾！』諸御己曰：『若與予同耕，則比力也，至于説人主，則不與子比智矣！』委其耕而入見王曰：『虞不用宫之奇而晉并之，陳不用子家羈而楚并之，曹不用僖負羈而宋并之，萊不用子孟而齊并之，案：子孟，《説苑》作子猛，或葉氏所見本異，今仍之。吴不用子胥而越并之，秦不用蹇叔而國危，桀殺關龍逢而湯得之，紂殺比干而武王得之，宣王殺杜伯而周室卑。此三天子、六諸侯皆不能尊賢用士，故身死國亡。』遂趨而出，王遽追之，曰：『子反矣，吾將用子之諫。』明日，遂解層臺而罷民。」原註：見第九《正諫》篇。大慶按，《左傳》楚莊王立于魯文公十四年，卒于宣公十八年，越并吴事乃哀公二十二年，相去凡一百十八年，安得諸御己預以子胥事諫楚莊王也！況齊之滅萊，據《左傳》在襄公六年，亦是楚莊既卒之後，其誤亦與上子胥事一同，覽者不可不知。

范蔚宗贊耿恭曰：「追誦龍虵之章，以爲歎息。」大慶觀龍虵之章載于《説苑》者有二，其一則介子推事，其一則舟之僑事，聯載之曰：「晉文公即位，賞不及推，推母曰：『盍亦求之？』推曰：『尤而效之，罪又甚焉，且出怨言，不食其食。』母曰：『亦使知之。』推曰：『言，身之文也，身將隱，安用文？』母曰：『能如是，與若俱隱。』至死不復見。推從者憐之，懸書宫門曰：『有龍矯矯，頃失其所。五虵從之，周徧天下。龍飢無食，一虵割股。龍反其淵，安其壤土。四虵入穴，皆有處所，一虵無穴，號于中野。』文公出見曰：『嗟乎！此介子推也。吾方憂王室，未圖其功。』使人召之，則亡。遂求其所在，聞其入緜上山中，于是表而封之，號曰介山。」又云：「晉文公出亡，周流天下，舟之僑去虞而從焉，文公反國，擇可爵而爵之，可禄而禄之，僑獨不預。文公酌諸大夫酒，酒酣，文公曰：『二三子盍爲寡人賦乎？』舟之僑進曰：『君子爲賦，小人請陳其辭。』辭曰：『有龍矯矯，頃失其所。一虵從之，周流天下。龍反其淵，安寧其處。一虵耆乾，獨不得所。』文公瞿然曰：『子欲爵耶？請待旦日之期；子欲禄耶？請命廩人。』舟之僑曰：『請而得其賞，廉者不受也！』遂歷階而去。文公求之不能得，終身誦《甫田》之詩。」原註：以上並見第六《復恩》篇。所謂龍虵之章，二事如此。大慶按，《左傳》僖公二十八年，城濮之戰，舟之僑先歸，及振旅入晉，殺舟之僑以徇于國，民于是大服。夫僑既犯師律，文公戮之以徇，民乃大服，安有所謂文公求之不得，終身誦《甫田》之詩乎！以此而觀，龍虵之章乃介子推事，劉向惑于多聞，而不知筆削，遂聯載之以爲舟之僑事，非也。

《説苑·奉使篇》：原註：第十二。「晏子使吴，吴王謂行人曰：『吾聞晏嬰，北方之辯于辭而習于禮者也。』命儐者：『客見，則稱天子。』明日，晏子有事，行人曰：『天子請見。』晏子慨然者三，曰：『臣受命敝邑之君，將使于吴王之所，不佞而迷惑，入于天子之朝，敢問吴王惡乎存？』吴王曰：『夫差請見。』見以諸侯之禮。」大慶按，《左傳》吴王夫差立于定之十四年，按《史記·齊世家》，晏子卒于定之十年。二書皆出于劉向之前，合是而觀，晏子卒而夫差未爲吴王，夫差立而晏子已卒四年矣。然則此事爲誤，明矣。

《説苑·權謀篇》：原註：第十三。「晉太史屠餘見平公之驕而無德義也，以其國法歸周。周威公見而問焉，曰：『天下之國，其孰先亡？』對曰：『晉先亡。』威公問其説，對曰：『臣不敢直言，示以天妖，日月星辰之行多不當，曰：「是何能然？」示以人事多不義，百姓多怨，曰：「是何傷？」示以鄰國不服，賢良不興，曰：「是何害？」是不知所以存、所以亡，故曰晉先亡。』居三年，晉果亡。」大慶按，晉平公以魯昭十年卒，自是年以至春秋之終，又歷七十四年，晉雖衰而未亡也。今舉晉平公之事，而曰「居三年，晉果亡」，晉何嘗亡耶！又周威公乃當考王、威烈王之世，恐所謂晉平公者，誤矣。又云：「晉人已勝智伯，歸而繕甲砥兵。楚王恐，召梁公弘曰：『晉人已勝智伯，而繕甲兵，其以我爲事乎？』曰：『不害，患其在吴乎！吴君卹民而同其勞，使其民重上之令而輕其死，勿已乎！其備之！』明年，闔廬襲郢。」大慶按，杜氏注《左傳》，晉人勝智氏事在春秋後二十七年，所謂「春秋後」者，自哀十七年始，而闔廬入郢乃定公四年，相去五十四年，況智伯亡而吴滅已久，此事誤矣。又云：「越破吴，請師于楚以伐晉。楚王與大夫皆懼，將許之。左史倚相曰：『此恐吾攻己，故示我不病。請爲長轂千乘，卒三萬，與分吴地也。』莊王聽之，遂取東國。」原註：以上並見《權謀篇》。大慶按，楚莊王至越破吴時相去凡一百八十年，莊王字必誤。

《雜言》篇：原註：第十七。「曾子從孔子于齊，齊景公以下卿禮聘曾子，曾子固辭。將行，晏子送之曰：『吾聞贈人以財，不若贈以言。君子居必擇處，遊必就士【二】。居必擇處，所以求士也；遊必就士，所以修道也。吾聞平常移性者，欲也，不可不慎也。』」大慶按，《孔子家語》及《史記》皆言曾子少孔子四十六歲，孔子生于魯襄公二十二年，則是曾子生于定公四年，觀《齊世家》，晏子死齊、魯會于夾谷之歲，乃定十年也，時曾子方七歲，

【二】遊必就士　《四部叢刊》景印明鈔本《説苑》（下簡作《説苑》）卷十七作「遊必擇士」。

安得晏子送行之辭！《家語》亦載齊欲聘曾子爲卿事，恐是後來，如晏子送行之言，彼此必有誤也。

《尊賢》篇：原註：第八。「晉、荆戰于邲，晉師敗績。荀林父歸請死，昭公將許之。士貞伯曰：『不可。林父事君，進思盡忠，退思補過，社稷之衛也，今殺之，是重荆勝也。』公曰：『善。』乃使復將。」大慶按，邲之戰在宣十二年，《左傳》亦傳此事，時當晉景公之世，「昭」字誤無疑矣。

《善説》篇：原註：第十一。「趙襄子謂仲尼曰：『先生委質以見人主，七十君矣，而無所通。不識世無明君乎？意先生之道固不通乎？』仲尼不對。異日，襄子見子路，曰：『嘗問先生以道，先生不對，隱也【二】，隱則安得爲仁若信？不知安得爲聖？』子路曰：『建天下之鳴鐘，而撞之以莛【三】，豈能發其聲乎！君問先生，無乃猶以莛撞鐘乎！』」大慶按，孔子欲適趙，聞其殺大夫鳴犢而還，臨河而歎曰：「美哉水，洋洋乎！丘之不濟此，命也夫！」是孔子未嘗適趙也，安得與襄子問答事？況襄子非與孔子並世，此事亦誤。

大慶觀《孔叢子·詰墨》篇曰：「墨子稱景公問晏子以孔子而不對，又問三，皆不對，公曰：『以孔子語寡人者衆矣，俱以爲賢聖，而不對，何也？』晏子曰：『嬰聞孔子之荆，知白公之謀而奉之以石乞，勸下亂上，非聖賢之行也。』詰之曰：『楚昭王之世，夫子應聘

【二】先生不對隱也　《説苑》卷十一作「先生不對。知而不對，隱也」，于義較長。

【三】莛　《説苑》卷十一作「挺」，下同。

如荆，不用而反，周旋乎陳、宋、齊、衛。昭王卒，惠王立十年，令尹【四】子西乃召王孫勝以爲白公，是時魯哀公十五年也。一年，然後作亂，在哀公十六年秋，夫子已卒十旬矣。墨子雖欲謗毁聖人，虚造妄言，奈此年世不相值何！』」原註：以上乃《孔叢子》所載孔鮒子魚詰墨之詞。大慶謂戰國之世，諸子横議，如墨子假託晏子之言以毁聖人，子魚以年世辨之，則墨子之妄固可見矣。大慶又考之，魯定公十年，孔子相夾谷之會，《史記》于《齊世家》載夾谷之會云：「是歲，晏嬰卒。」然則白公之亂，嬰死已二十二年矣。《左傳》齊景公薨于魯哀公之五年，是時景公亦死十年矣。是知孔子非特無是事，而景公、晏子亦無是問答，皆墨子鑿空造謗，宜乎孟軻闢之以禽獸。

馬侍讀大年云：「僕任夏縣令，一日，會客蓮池上，苦蛙聲，坐中有州官，乃長安人，以微言相戲，妄謂僕南人食此也，僕答曰：『此是長安故事。』客曰：『未聞也。』僕取《東方朔傳》示之，客始服。『武帝爲上林苑，朔諫，以爲此地土宜薑芋，水多䵷魚，貧者得以人給家足，無飢寒之憂。』師古注：『䵷即蛙字，人亦取而食之。』」馬氏舉是以爲言，蓋謂長安人食蛙也。大慶考《周禮·秋官》蟈氏注云：「今御所食，蛙也。」然則漢猶以蛙爲御膳也。又《霍光傳》：「霍山曰：『丞相擅減宗廟羔菟䵷，可以此罪也。』」注云：「羔菟䵷所以供祭。」然則漢猶以蛙爲宗廟之薦也。馬氏乃不及此，何耶？大慶因引二事以廣馬氏之不及，不必以食蛙爲媿，而且謂客言爲妄也。

【四】令尹　「尹」，原作「伊」。

前輩稱李絢和杜祁公詩：「收得桑榆歸物外，種成桃李滿人間。」按日西垂，景在樹端，謂之桑榆，事見《淮南子》。至若種成桃李，本狄仁傑與裴耀卿事爾。按仁傑《家傳》：「仁傑薦張柬之、袁恕己、桓彦範、崔元暐、敬暉，五公咸出門下，皆州縣官拔置顯位。」以爲五公一代之盛桃李也。又《談藪》王泠然《上裴耀卿書》曰：「拾遺補闕，寧有種乎？僕不佞，亦相公一株桃李也。」大慶觀《通鑑》載仁傑事：「或曰：『天下桃李，悉在公門矣！』仁傑曰：『薦賢爲國，非爲私也。』」又唐人詩譏李德裕曰：「閒園不解栽桃李，滿地惟聞種蒺藜。」楊汝士詩曰：「文章舊價留鸞掖，桃李新陰在鯉庭。」《本事詩》載賈島下第怨憤，題詩曰：「破卻千家作一池，不栽桃李種薔薇。薔薇花落秋風後，荊棘滿庭君始知。」用桃李事者多矣，大概指薦賢種德而言。大慶竊謂事之所本，其來自古，非起于唐。按《韓詩外傳》云：「子質事魏文侯，獲罪而北遊，謂簡主曰：原註：趙簡子也。『從今已後，不復樹德于人矣！』簡主曰：『夫春樹桃李，夏得蔭其下，秋得食其實；春樹蒺藜，夏不可采其葉，秋得其刺焉。由此觀之，在所樹也。今子所樹，非其人也，故君子擇而後種。』」原註：見第七篇。又《説苑》云：「陽貨得罪，見簡子曰：『自今以來，不復樹矣！』簡子曰：『何哉？』曰：『堂上之人，吾所樹者過半；朝廷之吏，邊境之士，吾所樹者亦過半。今堂上之人親劫臣于君，朝廷之吏親危臣于法，邊境之士親劫臣于外。』簡子曰：『惟賢者爲能報恩，不肖者不能。夫樹桃李者，夏得休息，秋得食焉；樹蒺藜者，夏不得休息，秋得刺焉。今子所樹者，蒺藜也，非桃李也。自今以來，擇人而樹之，無已樹而擇之。』」原註：見《復恩》篇。二書所載，皆以爲趙簡子之言，雖或大同小異，要之桃李事當本于此，後人皆用此事爾。

《抱朴子》云：「班輸不能削瓦石爲芒鍼，歐冶不能鑄鉛錫爲干將。故不可爲者，雖鬼神不能爲也；不可成者，雖天地不能成也。」嘗觀《傳燈録·嵩岳元圭禪師》：一日，有異人峩冠袴褶而至，從者極多，師觀其形貌奇偉非常，曰：「仁者胡爲而至？」彼曰：「師寧識我耶？」師曰：「吾觀佛與衆生等，吾一目之，豈分別耶！」彼曰：「我岳神也，能生死于人，師安得一目我哉！」師曰：「吾本不生，汝焉能死？」云云。神曰：「我神通亞佛。」師曰：「汝神通十，五能五不能。」神悚然曰：「可得聞乎？」師曰：「汝能戾上帝東天行而西七曜乎？」曰：「不能。」師曰：「汝能奪地祇融五岳而結四海乎？」曰：「不能。」師曰：「是謂五不能。」原註：詳見《傳燈録》四卷。蓋至是然後知《抱朴子》所謂不可爲者，雖鬼神不能爲。信哉斯言！雖然，東天行而西七曜，融五岳而結四海，特四事爾，何以謂之五不能？始嘗求其説而不得，及觀歐陽、東坡之言，方觸類而通之。東坡云：「余家有歙硯，底有款識云：『吴順義元年，處士汪少微銘之曰：松操凝煙，楮英鋪雪，毫穎如飛，人間五絶。』」所頌者三物而謂之五絶者，豈硯與少微爲五耶？歐陽公自號「六一居士」，曰：「吾《集古録》一千卷，藏書一萬卷，琴一張，碁一局，而嘗置酒一壺，吾老于其間，是爲六一。」然則神固有四不能矣，加以不能生死元圭，是爲五也。顧與識者共參之。

《事物紀原》論先農之祭曰：「漢文制書，始耕于耤田，官祠先農，以一太牢，則其祀由漢興也。」大慶按，《禮記·郊特牲》論八蜡，首之以先嗇，鄭注以爲神農。《周禮》籥章氏「祈年于田祖」，鄭注：「始耕田者，謂神農也。」《大司徒》「樹之田主」，賈公彦疏：「田主當在耤田中，依樹木爲之。」即詩人所謂「田祖」。《郊特牲》所謂「先嗇」，皆謂始耕田者神農是也。至于《甫田》詩「以御田祖」，孔穎達疏云：「始造田者謂之田祖，先爲稼穡謂之先嗇，神其農業謂之神農，名殊而實同也。」然則先嗇也、田主也、田祖也，皆謂神農也，先農之祭，豈非神農歟？是祭也，考之《詩》、《禮》，固已有祭，而曰由漢興之，非也。

王歸叟《詩話》：「山谷書會稽公徐浩《寶林寺》詩云：『兹山昔飛來，遠自琅邪臺。孤岫龜形在，深泉鰻井開。』按《爾雅》，山有穴爲岫，今季海詩云『孤岫龜形在』，乃不成語，蓋謝玄暉云『窗中列遠岫』，已誤用字，季海又承誤爾。」大慶嘗因是而觀諸古，如淵明「雲無心而出岫」，嵇中散《幽憤詩》「采薇山阿，散髮岩岫」，亦謂散髮于岩穴之間爾。晉張協詩「荒林寂以閒，山岫峭且深」，魏徐幹《七喻》云「栖遲乎穹谷之岫」，陸士衡詩「王鮪懷河岫」，抱朴子「藏夜光于嵩岫」，又云「攻美玉不于荆山之岫，不得連城之尺璧也」，既曰山，又曰岫，是其意皆如《爾雅》之言，所謂山之穴也。歸叟之言當矣。然梁朱超詩

「高岫鬱相連」，杜詩「晨光映遠岫」，原註：《甘林》詩。又「遠岫爭輔佐」原註：《木皮嶺》詩。又「巫岫鬱嵯峨」，案：此句《江梅》詩，原本脱註。韓詩「橫雲時平凝，點點露數岫」，歐陽詩「依依帶幽澗，隱隱見孤岫」，直以岫爲山，其相承誤用之歟？玄暉詩又云：「雲端楚山見，林表吴岫微」，及觀漢張平子《南都賦》「岫繞繚而滿庭」，是亦以岫爲山，又在玄暉之先矣，歸叟豈不見此耶？不然，何以謂季海承玄暉之誤也！

「對牀」、「聽雨」，二蘇兄弟酬答多用之。坡有《東府雨中别子由》詩曰：「對牀定悠悠，夜雨空蕭瑟。」《初秋寄子由》云：「雪堂風雨夜，已作對牀聲【五】。」《在鄭别子由》云：「寒燈相對記疇昔，夜雨何時聽蕭瑟？」《在御史獄》云：「他年夜雨獨傷神。」《李公擇故居》詩：「對牀老兄弟，夜雨聽竹屋。」又《初秋子由與坡相從彭城賦詩》云：「逍遥堂後千章木，長送中宵風雨聲。誤喜對牀尋舊約，不知飄泊在彭城。」又子由《使遼在神水館》云：「夜雨從來對榻眠，兹行萬里隔冰天。」子由《舟次磁湖》云：「夜深魂夢先飛去，風雨對牀聞曉鐘。」此其兄弟所賦也，故後人多以爲兄弟事。坡詩註：子由與坡在懷遠驛，讀韋蘇州詩，至「寧知風雨夜，復此對牀眠」，惻然感之，乃相約早退，爲閒居之樂。大慶觀蘇州此詩，乃《贈元常全真二甥》。又《贈令狐士曹》云：「秋林【六】滴滴對牀寢，山路迢迢聯騎行。」至白樂天亦有《招張司業》詩：「能來同宿否，聽雨對牀眠。」故坡《送劉寺丞》云：「中和堂後石楠樹，與君對牀聽夜雨。」以是觀之，非獨兄弟可用也。

【五】已作對牀聲　「牀」，原作「林」，據《蘇軾詩集》卷二十二《初秋寄子由》詩改。

【六】秋林　《全唐詩》卷一百八十七作「秋簷」，是。

《東皐雜録》：「《詩》：『伐木丁丁，鳥鳴嚶嚶，出自幽谷，遷于喬木。』又曰：『嚶其鳴矣，求其友聲。』鄭箋云：『嚶嚶，兩鳥聲。』正文與注皆未嘗及黄鳥。自白樂天作《六帖》，始類入《鶯門》，又作詩每用之，如『谷幽鶯暫遷』，『不失遷鶯侶』，『鶯遷各異年』，『樹集鶯朋友』之類，後人多祖述用之。」《緗素雜記》載，「劉夢得《嘉話》云：『今謂進士登第爲遷鶯者久矣，蓋自《詩》云：「伐木丁丁，鳥鳴嚶嚶，出自幽谷，遷于喬木。」又曰：「嚶其鳴矣，求其友聲。」並無鶯字。頃歲省試《早鶯求友》詩，又《鶯出谷》詩，別書固無證據。』斯大誤也。余謂今人吟詠多用『遷鶯』、『出谷』事，又曲名《喜遷鶯》，皆循襲唐人之誤。故宋景文云『曉報谷鶯朋友動』，又『杏園初日待鶯遷』，舒王云『鶯猶尋舊友』，惟漢梁鴻《思友人》詩曰『鳥嚶嚶兮友之期，念高子兮僕懷思』，《南史》劉孝標《絶交論》【七】云『嚶鳴相召，星流電激』，是真得詩意。」苕溪漁隱曰：「涪翁詩『千林風月鶯求友』，亦承唐人之誤。然自唐至今，誤用者衆，爲時碩儒尚猶如此，餘何足怪！」洪駒父云：「古今詩人，誤用『出谷』、『遷喬』爲黄鶯，按《詩》注『嚶嚶，兩鳥聲』，非鶯也。《禽經》稱『鶯嚶嚶然』，要是後人傅會，非詩本意。」已上諸公議論如此。大慶按，《詩》「嚶嚶」雖非指鶯，然漢張衡《歸田賦》：「王雎鼓翼，倉庚哀鳴，交頸頡頏，關關嚶嚶。」又《東都賦》：「雎鳩鸝黄，關關嚶嚶。」蓋倉庚、鸝黄即所謂鶯也，張衡皆以嚶嚶言之，則唐人以嚶嚶爲鶯，又未必不本于此，若以爲樂天始誤，竊謂不然。蓋李嶠《鶯》詩：「乍離幽谷日，先囀

【七】劉孝標絶交論　宋黄朝英《緗素雜記》引作《廣絶交論》，是。

上林風。」李白《荆門望蜀江》詩：「花飛出谷鸎。」二李蓋先于樂天矣。況梁元帝《言志賦》：「聞鶯鳴而懷友。」陳楊謹《從駕祀麓山廟》詩：「窗幽細網合，階静落花明。簷巢始入燕，軒樹已遷鶯。」自梁、陳已用遷鶯事，而曰承襲唐人之誤，非也。

《老子》曰：「爲學日益，爲道日損。」大慶嘗觀《莊子》顔回之事，方悟《老子》之意。《莊子·大宗師》篇：「顔回曰：『回益矣。』仲尼曰：『何謂也？』曰：『回忘仁義矣。』曰：『可矣，猶未也。』他日復見，曰：『回益矣。』仲尼曰：『何謂也？』曰：『回坐忘矣！』仲尼曰：『何謂坐忘？』曰：『墮支體，黜聰明，離形去智，同于大通，此謂坐忘。』仲尼曰：『同則無好也，化則無常也，而果其賢乎，丘也請從而後也。』」觀此一章，老氏之言，思過半矣。蓋老氏之言，二句當作一意，且爲學日益，于何處見之？以其爲道日損也。學而至于爲道日損之地，如顔子之忘仁義忘禮樂以至于坐忘，方可謂之日益。《揚子》曰：「顔子以退爲進。」其有知于此乎！

皇甫謐云：「計君又授與《司馬相如傳》，遂涉《漢書》【八】，讀《匈奴傳》，不識『撐犂孤塗』之字，有胡奴執燭，顧而問之，奴曰：『撐犂，天子也，匈奴之號單于，猶漢人之有天子也。』予于是曠然發悟。」以上皆《玄晏春秋》説。及觀歐陽文忠公少時《代王狀元謝及第啓》云：「陸機閱史，尚靡識于撐犂；枚皋屬文，徒率成于骫骳。」文忠公以爲陸機，蓋誤也。黄朝英《緗素雜記》，以不知文忠用撐犂事爲恨，蓋渠未讀《玄晏春秋》爾。原註：以

【八】漢書　《能改齋漫録》卷三作《後漢書》，據後文「班固釋其義非不詳明」及「《漢·匈奴傳》」觀之，似當作「漢書」，《史記》及《漢書·匈奴傳》有釋撐犂孤塗之文，《後漢書·南匈奴傳》則僅於註中引及之。

上見《能改齋漫録》。大慶謂《漫録》之言如此，然嘗觀《匈奴傳》，單于姓攣鞮氏，原註：上力全切，下力兮切。其國稱之曰撐犁孤塗單于，匈奴謂天爲撐犁，謂子爲孤塗，單于廣大之貌。班固釋其義非不詳明。使皇甫謐讀《匈奴傳》，果何待胡奴之説而後悟！《玄晏春秋》乃爲是言，何耶？大慶謂朝英不識歐公所使之事，固已不見《玄晏春秋》，而吴氏《漫録》舉《玄晏春秋》之説，亦未必見《漢·匈奴傳》也。

程氏《考古編》云：「李濟翁《資暇集》曰：『今人符呪後言急急如律令者，令音零，律令，雷鬼之最捷者，謂當如律令鬼之捷也。』按《風俗通》論《漢法》九章，因言曰：『天吏者，治也。當先自正，然後正人，故文書下如律令。』言當承憲履繩，動不失律令也。今道流符呪，凡行移悉倣官府制度，則其符呪之後云如律令者，正是效官府文書爲之，不必鑿以爲雷鬼也。」大慶按，《文選》袁紹《檄豫州》終曰「如律令」，曹公《檄吴部曲》終亦曰「如律令」，是知李説之謬。蓋律者，所以禁其所不得爲；令者，所以令其所當爲；如律令者，謂如律令不得違也。道家符呪，正是效官府文書爲之，誠如程氏説，故大慶復以袁紹、曹公之事而實之。

《書》曰：「兢兢業業，一日二日萬幾。」此皋陶戒舜之言也。注云：「幾，微也，言萬事之微。」自漢王嘉上封事曰「一日二日萬機」，旁加木，故後人多作萬機。嘗觀《魏相傳》「宣帝始親萬機」，《循吏傳》「帝始躬萬機，厲精爲治」，《後漢·肅宗紀》「朕統理萬機，懼失厥中」,《牟融傳》「顯宗方勤萬機」,鍾離意疏「願陛下垂聖德,揆萬機」,原註：本傳。蔡邕曰「陛下思惟萬機,以答天望」,原註：本傳。魏明帝詔華歆曰「朕新莅萬事,一日萬機」,及觀孫綽爲《丞相王導碑》云：「雖管綜時務,一日萬機。夷心以延白屋之士,屈己以招巖穴之俊。」原註：見《藝文類聚》。又《世説》簡文爲相,桓温甚患其遲,常加勸勉,簡文曰：「一日萬機,那得速！」時簡文方爲相,是宰相稱萬機也。雖然,嘗求其所自始。《舜典》曰：「納于大麓。」注謂「大録,萬機之政」。《公羊》僖九年傳曰：「宰周公者何？天子之爲政者也。」注：「當與天子參聽萬機。」《漢・百官志》：「相國、丞相,掌丞天子,助理萬機。」至于《晉書》顧榮牋曰：「文王日昃不暇食,周公一沐三握髮,何哉？誠以一日萬機,不可不理。」由是觀之,宰相之稱萬機,豈不可哉！

校勘記

卷五

《容齋隨筆》云：原註：洪邁所作。「《中說》所載門人，多貞觀時知名卿相，而無一人能振師之道者，故議者往往致疑。其最所稱高弟曰程、仇、董、薛。程元、仇璋、董常無所見，獨薛收《唐史》有列傳，蹤迹甚爲明白。收以父道衡不得死于隋，不肯仕，及唐祖興，將應義舉，郡通守堯君素覺之，不得去，及君素東連王世充，遂挺身歸國。正在丁丑、戊寅歲中。丁丑爲大業十三年，又爲義寧元年，戊寅爲武德元年，是年三月，煬帝遇害于江都，蓋大業十四年也。杜淹作《文中子世家》云：『十三年，江都難作，子有疾，召薛收，謂曰：「吾夢顔回稱孔子歸休之命。」乃寢疾而終。』殊與收事不合，歲年亦不同，是大可疑也。又稱李靖受《詩》及問聖人之道，靖既云丈夫當以功名取富貴，何至作章句儒，恐必無此。《中說》後載文中子次子福畤所録云：『杜淹爲御史大夫，與長孫太尉有隙。』予按淹以貞觀二年卒，後二十一年高宗即位，長孫無忌始拜太尉，其不合于史如此，故或疑爲阮逸所作也。」原註：以上並《隨筆》。大慶謂容齋之所辯證是矣。嘗觀杜淹所撰《世家》，年世既已牴牾，且或疎略自戾，豈止如容齋所疑乎！蓋容齋所疑，尚猶有可諉者，大慶之所疑，因得以附見焉。《世家》云：「開皇四年，文中子始生。」又曰：「開皇九年，江東平，銅川府君歎曰：原註：文中子之父。『王道無叙，天下何爲而一乎！』文中子侍側，十歲矣。」云云。大慶按開皇四年文中子始生，至九年方六歲，何爲而言十歲乎！此其疎略自戾，不待他人攻其失也。又云：「十八年，文中子有四方之志，受《書》于東海李育，問《禮》于河東關子明。」原註：時文中子十五歲【二】。大慶按子明乃北魏孝文太和末年爲晉陽穆公公府記室，原註：穆公，文中子高祖。穆公薦于孝文，孝文曰：「嘉謀良策，勿慮不行。朕南征還日，當共論道，以究治本。」原註：以上見《中説》後録關子明事。計其年代，當齊明帝永泰元年戊寅歲也。原註：時魏文南伐齊，見《通鑑》。自是以至開皇十八年戊午，蓋一百一歲矣，使子明爲記室時方弱冠，至是亦百二十餘歲矣，安得有文中子問《禮》于子明之事，非年歲之牴牾乎！容齋所疑，反不及此，何也？雖然，杜淹所撰，豈其欲大吾師之道而彰其名，故不暇詳究其年月，而起後人之詆訾乎？容齋遂併疑《中説》爲阮逸所作，大慶則未敢以爲然也。何者？逸乃我宋仁宗朝人，《唐書・藝文志》已有王通《中説》，皮日休有《文中子碑》，亦言「序述《六經》，敷爲《中説》，李、薛、房、杜，皆其門人」，而劉禹錫作《王華卿墓銘》，序載其家世行事甚詳，云「門多偉人」，則與其書所言合矣。司空圖又謂文中子致聖人之用，房、衛數公皆爲其徒，恢文、武之道以濟貞觀治平之盛。至于李翱《讀文中子》且以其書並之《太公家教》，劉蕡《讀文中子》又以《六籍》奴婢譏之。是雖當世儒者，好惡不同，推尊之或過，毁損之失真，要知自唐已有此書，決非阮逸所作明矣，豈容齋偶忘之乎？蓋容齋所

【二】十五　原作「二十五」，按上文謂開皇九年文中子方六歲，則此當作十五歲。

疑，不過因薛收、李靖之事，安知薛收不于文中子既死而方應義舉，李靖初年從學而後乃投筆乎？十三年之難，若以《史》所載田蚡之死、都護之置例之，則亦杜淹叙述之誤耳。原註：田蚡之死，《漢·紀》以爲四年，《傳》以爲五年，必有一誤。西域都護之置，神爵二年也，《百官表》誤爲地節二年，《西域傳》誤爲神爵三年，見《通鑑考異》。長孫太尉之隙，若以《左傳》所稱陳桓公田成子、《漢史》張良稱漢王之等例之，則亦王績追書之誤爾。原註：《左傳》隱公四年，「衛州吁未能和其民，石厚問定君于石子，曰：『王覲爲可。』曰：『何以得覲？』曰：『陳桓公方有寵于王，陳、衛方睦，若朝陳使請，必可得也。』」又齊人歌曰：「嫗乎采芑，歸乎田成子。」夫人既物故，然後有謚，今陳侯尚存而曰桓公，田常無恙而稱成子，皆後來追書之誤爾。《漢書》張良爲漢王借箸籌之，乃稱陛下，時漢王未即位，亦後人追書之誤。方杜淹與長孫有隙時，雖長孫未爲太尉，而王績所書乃長孫爲太尉之後，故追書太尉爾。然則大慶所謂容齋所疑尚有可諉者以是。特杜淹、王績之徒有所謬誤，亦何足以疑《中説》哉！

大慶前謂《中説》非阮逸所作甚明，續考《中説》亦有可疑處，往往王氏子弟如王凝福時不無附會于其間。何以言之？《王道篇》云：「李德林請見，子與之言，歸有憂色，門人問子，子曰：『德林與吾言，終日言文，而不及理。』門人退，子援琴鼓《蕩》之什，門人皆霑襟焉。」又《禮樂篇》云「安平公問政」，即德林也。大慶按《通鑑》德林死于開皇之十年，時文中子方七歲，固未有門人，德林何爲請見而問政？門人何爲聞琴而霑襟哉？此其謬誤，斷無可疑。故謂王凝福時不無附會于其間者，此也。

《容齋隨筆》云：「作議論文字，須考引事實無差，乃可傳信後世。東坡作《二疏圖贊》云：『孝宣中興，以法馭人。殺蓋、楊、韓，蓋三良臣。先生憐之，振袂脱屣。使知區區，不足騎士。』其立意超卓如此。然以其時考之，元康三年，二疏去位，後二年，寬饒誅，又三年，延壽誅，原註：五鳳元年。又一年，楊惲誅【二】。方二人去時，三人皆無恙。原註：神爵二年。蓋先生文如傾河，不復效常人尋閲質究也。」大慶因而觀坡詩，錯誤尤多，前輩嘗論之矣，今總序于此。《和徐積》詩：「殺雞未肯邀季路，裹飯須知問子來。」按《莊子》云：「子祀、子輿、子來、子黎【三】四人相與友。」無裹飯事。又：「子輿子曰：『子桑殆病矣，裹飯而往。』」則裹飯非子來事也。《次韻景文聽琵琶》詩：「尤勝江左狂靈運，共鬬東昏百草鬚。」按《劉公嘉話》：「謝靈運鬚美，臨刑因施爲維摩詰象鬚。唐安樂公主鬬百草，欲廣其物色，令馳驛取之，又恐爲他人所得，因翦棄其餘。」坡以爲東昏，誤矣。《和子由使契丹至涿見寄》詩：「始憶庚寅降屈原，旋看蠟鳳戲僧虔。」按《齊書》：「王弘與兄弟會集，任子孫戲，僧綽獨正坐採蠟燭珠爲鳳凰。」坡誤以爲僧虔歟？案：採蠟燭珠爲鳳凰，《齊書》屬僧虔，《南史》屬僧綽，又曰「或云僧虔」，此以東坡爲誤，殆未考史文。又《遊聖女山》詩：「縱令司馬能鑱石，奈有中郎解摸金。」按陳琳爲袁紹檄曹公之罪云：「特置發丘中郎、摸金校尉，所過隳突，無骸不露。」則又誤以校尉爲中郎矣。《立春日與李端叔》詩：「丞掾頗哀亮。」按馬援爲隴西太守，但總大體，諸曹時白外事，援輒曰：「此丞掾之任，何足相煩！頗哀

【二】又一年楊惲誅　《容齋隨筆·二疏贊》條作「又三年，楊惲誅」，據《漢書》卷七十一《疏廣傳》，地節三年，廣爲少傅，在位五歲，去位，則元康三年也，又據《漢書》卷八《宣帝紀》，神爵二年，蓋寬饒誅，五鳳元年，韓延壽棄市，五鳳二年，楊惲要斬，則以作「又一年，楊惲誅」爲是。

【三】子來子黎　今本《莊子·大宗師》作「子犂、子來」。

老子使得遨遊。」是「亮」字當作「援」，今有碑本，坡自大字書作「亮」，真誤也。又《贈陳季常》詩：「不見盧懷慎，蒸瓠似蒸鴨。」按《盧氏雜説》，鄭餘慶召親朋，呼左右處分廚家：「爛蒸去毛，莫拗折項。」諸人以爲蒸鴨，良久每人粟米飯一盂，爛蒸胡蘆一枚。坡其誤以餘慶爲懷慎耶！《和人會獵》詩：「不向如皋閑射雉，歸來何以得卿卿。」蓋以「如皋」爲地名也。按昭公二十八年，賈大夫娶妻，御以如皋，射雉獲之。杜氏注「爲妻御之皋澤」，如訓之，謂往也，則「如皋」非地名，審矣。又《次韻滕元發等》詩：「坐看清邱吞澤芥，自慚【四】黄潦薦溪蘋。」又《西湖》詩：「青邱已吞雲夢芥。」按相如《子虚賦》：「秋田乎青邱，徬徨乎海外，吞雲夢者八九，于其胸中曾不芥蔕。」芥蔕，刺鯁也，非草木之芥，坡詩云爾，豈非誤歟！又云：「市區收罷魚豚税，來與彌陀共一龕。」按褚遂良云：「一食清齋，彌勒同龕。」非彌陀也。又《次韻錢舍人病起》詩曰：「何妨一笑千痾散，全勝倉公飲上池。」按《史記》「飲上池之水」乃扁鵲，非倉公也。又《谷庵銘》云：「孔公之堂名虚白，蘇子堂後作員屋。堂雖白矣庵自黑，知白守黑名曰谷。」按《老子》：「知其白，守其黑，爲天下式；知其榮，守其辱，爲天下谷。」今曰「知白守黑名曰谷」，亦誤也。又《戲作賈梁道詩并引》云：「王凌謂賈充曰：『汝非賈梁道耶？乃欲以國與人！』由是觀之，梁道之忠于魏久矣。司馬景王既執凌歸，過梁道廟，凌大呼曰：『我大魏之忠臣！』司馬病，見凌與梁道守而殺之，然梁道之靈獨不能已其子充之惡，至使首發成濟之事，此又理

【四】自慚　「慚」，原作「漸」，據《蘇軾詩集》卷二十四《次韻滕元發許仲塗秦少游》改。

之不可曉者，故戲作小詩云。嵇紹似康爲有子，郗超叛鑒是無孫。如今更恨賈梁道，不殺公閭殺子元。」原註：公閭乃充也。大慶按，《晉紀》執王凌及夢爲祟乃宣帝，名懿字仲達，非景帝子元也，然則序所謂景王，詩所謂子元，皆誤也。又《徐州戲馬臺》詩：「路失玉鉤芳草合，林亡白鶴野泉清。」按《桂府叢談》：「李蔚咸通中移鎮淮海，見郡寡勝遊之地，命于戲馬臺西連玉鉤斜道葺亭，名之曰賞心。」今此乃誤用廣陵戲馬臺事。至于下句亦誤，《后山詩話》云：「廣陵亦有戲馬臺，唐高宗東封，有鶴下焉，乃詔諸州爲老氏築宮，名以白鶴。」公蓋二句皆誤矣。又按《龔遂傳》：「令民種一百本薤，五十本葱。」坡詩云：「細思種薤五十本，大勝取禾三百廛。」則誤以葱爲薤矣。又云：「他年一舸鴟夷去，應記儂家舊姓西。」按《寰宇記》：「越州諸暨縣有西施家、東施家。」謂施氏所居分爲東西，今謂「舊姓西」，則誤矣。坡之誤，此類甚多。又云：「憶昔舜耕歷山鳥耘田。」趙次公注云：「《史記・舜紀》註引《傳》以爲『下有羣鳥耘田』，故《文選》註《左思賦》云：『舜葬蒼梧，象爲之耕，禹耕會稽，鳥爲之耘。』如此則鳥耘非舜事，象耕亦非歷山時，而先生云爾。撼樹之徒，遂輕議先生爲錯，殊不知先生胸次多書，下筆痛快，不復檢本訂之，豈比世間切切若獺祭魚者哉！」大慶謂杜征南、顔祕書爲丘明、孟堅忠臣，次公之言正此類爾。後生晚學，影響見聞，乃欲以是藉口，豈知以東坡則可，他人則不可，當如魯男子之學柳下惠可也。

近世有《螢雪叢説》，俞成元德所作也。「王勃《滕王閣序》：『落霞與孤鶩齊飛，秋水共長天一色。』世率以爲警聯，然『落霞』者，飛蛾也，即非雲霞之霞，土人呼爲霞蛾，至若鶩者，野鴨也，野鴨飛逐蛾蟲而欲食之故也，所以齊飛，若雪霞則不能飛也。」蓋勃之言所以摹寫遠景，以言遠天之低，故鶩之飛，幾若與落霞齊爾，如詩人所謂「新月已生飛鳥外」，「鳥飛不盡暮天碧」，曰「乾坤萬里眼」【五】，曰「一目略千里」之類，以見興致高遠如此，大率如詩如畫，皆以形容遠景爲工。故杜老《題山水圖》詩云：「尤工遠勢古莫比，咫尺應須論萬里。」皆以是也。勃下句云：「秋水共長天一色。」亦以遠水連天，上下一色，皆言滕王閣眺望遠景在縹緲中如此奇也，故當時以其形容之妙歎服二句，以爲天才。縱使方言以蛾爲霞，而野鴨逐飛蛾食之，形于賦詠，何足爲奇！俞氏又謂，若雲霞則不能飛，殊不知前輩以飛霞入詠者甚多，宋謝瞻詩「高臺眺飛霞」，鮑照云「繡甍結飛霞」，梁江淹赤虹賦「霞晃朗而下飛」。

嘗觀《孔子家語》，乃王肅爲之注解，肅之序曰：「語云『牢曰子云吾不試故藝』，談者不知爲誰，多妄爲之説。《孔子家語》：『弟子琴張，一名牢，字子開，衛人也。宗魯死，將往弔，孔子止焉。』」按肅所以引此者，欲因《家語·弟子傳》以正説者之妄也。肅又云：「《春秋外傳》曰『堯臨民以五』，説者『堯五載一巡狩』。然《經》曰『五載一巡狩』，此乃説舜之文，非説堯。孔子論五帝，各道其異事，于舜云『巡狩天下，五載一始』，則堯之巡狩，

【五】乾坤萬里眼　「眼」，原作「根」，據杜詩《春日江村五首》之一改。

年數未明，周十二歲一巡，寧可言周臨民以十二乎！孔子云：『堯以土德王，天下色尚黄。黄，土之德，五，土之數。故曰臨民以五。』此其義也。」已上肅之序《家語》云爾。夫肅所以言及此者，亦如上文欲引《家語》之言以正「堯臨民以五」之義也。然琴牢名宇，固見于《家語・七十二弟子解》，至于舜巡狩四海，五載一始，亦出《家語・五帝》之篇，乃若堯以土德王天下，而色尚黄，初不出于《家語》，而肅乃引之，何也？大慶按《家語・五帝》篇乃云：「堯以火德王，色尚黄；舜以土德王，色尚青。」既無堯以土德王天下而色尚黄之説，肅之言果何所本乎？意者影響乎色尚黄之説，遂以堯爲土德，而不復檢正歟！況《家語》孔子曰：「五行用事，先起于木，木，東方萬物之初皆出焉，是故王者則之，而首以木德王天下，其次則以所生之行轉相承也。是以太皥配木，炎帝配火，黄帝配土，少昊配金，顓頊配水。」由是推之，帝嚳以木王，堯以火王，舜以土王，夏以金，殷以水，周以木，終始相生，可以理推也。肅何爲而有堯以土德王天下之言乎！班固《律曆志》所論五德，自太昊、炎、黄、少昊、顓、嚳，以至虞、夏、商、周，皆本于孔子五行更王，終始相生之言，乃以堯爲火德。至《高帝》之贊，亦以協于火德爲承堯運，然則堯固不可謂之土德，而《春秋外傳》所謂「堯臨民以五」者，亦難援是以爲言矣。夫《家語》，肅所注也，肅方以是語而證「堯臨民以五」之義，而不知《家語》之言正與此異，何其鹵莽如是乎！

王右軍《蘭亭序》不入《文選》，王勃《滕王閣記》不入《文粹》，世多疑之。《遯齋閒覽》原註：陳正敏。謂：「天朗氣清，乃是秋景，絲竹管弦，語爲重複。」大慶竊謂自古以清明爲三月節，則是時天氣固清明矣。而《宣紀》神爵元年三月詔曰：「天氣清静，神魚舞河。」然則所謂「天朗氣清」何足爲病！《前漢・張禹傳》曰：「後堂理絲竹管弦。」而班固《東都賦》亦曰：「陳金石，布絲竹。鐘鼓鏗鍧，管弦曄煜。」既曰絲竹，又曰管弦，此蓋右軍承前人之誤，要未可以分寸之瑕而棄盈尺之夜光也。乃若王勃之文，或者謂「時當九月，序屬三秋」，言九月則三秋可知，此與絲竹管弦同一病也。況豐城劍氣，上衝牛斗，而星分翼軫，分野尤差。然大慶考之《唐書・勃傳》：「九月九日，都督大宴滕王閣時，勃乃作《序》。」夫唐人以上已與重陽爲令節，都督既于是日啓宴，勃不應止泛舉九月，蓋月字乃日字之誤也。且既言九月，又言三秋，是誠贅矣，如云九日，則不可無三秋字。今之碑本，乃郡守張公澄所書，亦誤以九日爲九月，訛謬相承，遂致勃有重複之病。至于豫章之地，昔人所謂吴頭楚尾，按《漢・地理志》，楚地翼軫分野，既曰楚尾，則「星分翼軫」，豈爲深失！要之勃所作序，實近乎俳，然唐初之文大抵如此，至韓昌黎始變而爲古文爾，又豈容遽以是黜之！然則二文之不入《選》、《粹》，毋亦蕭統、姚鉉偶意見之不合，故去取之過苛歟！雖然，二子之文不入《選》、《粹》而傳至于今，膾炙人口，良金美玉，自有定價，所謂瑕不掩瑜，未足韜其美也【六】。

嘗怪班書《李陵傳》，且言陵之所將，「皆荆楚勇士、奇材劍客，力扼虎，射命中」，又曰

【六】未足韜其美也　原與下文連，依文意下爲另一條無疑，今分。

「千弩俱發，應弦而倒」，則陵之士卒，固皆善射者矣。又曰「一日五十萬矢皆盡」，然是時匈奴不過十餘萬爾，陵之戰也，一日五十萬矢皆盡，而不能殺敵，遂至于張空弮以冒白刃，其得謂之「射命中」、「應弦而倒」乎！況陵敗且歎曰：「復得數十矢，足以脱矣！」吁！一日五十萬矢既不能以成事，而數十矢復何爲哉！是其紀事前後蓋有不相應者，恐「一日五十萬」，字必有誤也【七】。

大慶按《禮器》：「其在人也，如竹箭之有筠也，松柏之有心也。故貫四時而不改柯易葉，故君子有禮，則外諧而内無怨。」鄭注云：「四物于天下最得氣之本，或柔刃于外，或和澤于内，用此不變傷也。」然則謂「柔刃于外」，亦以筠爲竹皮歟！後世例以筠配松，直以筠爲竹，自齊、梁以來皆然。齊王融《風賦》：「靡輕筠之碧葉，泛曾松之翠枝。」梁吴均《吴城賦》：「亭梧百尺，階筠萬丈。」杜詩：「回首望松筠。」「時過憶松筠。」《唐書·忠義傳》：「厲松筠之雅操。」皆有以筠爲竹，惟柳子厚《苦竹橋》詩：「迸籜分苦節，輕筠抱虚心。」以筠對籜，蓋知此矣。然又云：「泉迴淺石依高柳，逕轉垂藤間緑筠。」又與上不同，何耶！

吴虎臣《漫録》：「宋景文謂：『陳平封曲逆侯，今學者讀曲逆作去遇，不作本音，何耶？』余按孔經父云：『《漢書》元無音。《文選》載陸士衡《功臣頌》曰：「曲逆宏達，好謀能深。」注云：「曲，區句切【八】，逆音遇。」』然則景文竟忘《選》注耶？」此吴氏引孔經父之言爾。大慶按《陳平傳》：「高帝出平城之圍，南過曲逆。」孟康注曰：「中山之蒲陰

【七】字必有誤也　原與下文連，依文意下爲另一條無疑，今分。

【八】曲區句切　《能改齋漫録》卷三原作「曲，區遇切」。

縣。」因考《地理志》：「中山國曲逆縣。」張晏注云：「濡原註：乃官切。水至城北曲而西流，故曰曲逆。章帝醜其名，而改曰蒲陰，在蒲水之陰。王莽時改曰順平。」就是而觀，以其水至城北曲而西流，則曲逆二字當如本字，不當借音。不然，章帝何以醜其名而改曰蒲陰哉！觀王莽之更諸縣名，曰陽曲而改以陽直，案：《漢志》顏師古注：「隋文帝自以姓楊，惡陽曲之號，改爲陽直。」此云王莽所更，實誤。曰圜陰而改以方陰，然則以曲逆而改曰順平，亦槩可見。顏師古于《本傳》及《地理志》皆無音，不知《文選》注去遇爲音，又果何所見耶？

呂居仁詩：「指蹤元自漢公卿。」説者謂「指蹤」字爲誤，事見《漢書·蕭何傳》。大慶考之《何傳》：「上曰：『諸君知獵乎？夫獵，追殺禽者，狗也，而發縱指示獸處者，人也。』」顏師古注云：「發縱，謂解紲而放之也。指示者，以手指示之，今俗言放狗。縱，原註：音子用切。讀者乃爲蹤跡之蹤，非也。書本皆不爲蹤字，自有跡蹤之狗，不待人發也。」據師古之説，則用蹤字誠誤矣。司馬公《通鑑》亦作縱字，《後漢·荀彧傳》「貴指縱之功，薄捕獲之賞」，皆作縱字，而李賢注云：「縱或作蹤，兩通。」大慶又觀《文選》任昉《彈曹景宗》曰：「指蹤非擬，獲獸何功。」既作指蹤字矣。唐李德裕《讓官表》乃云：「臣竟微獲獸之效，内展指蹤；又無汗馬之勞，外施武力。」又皆作蹤字。近觀《孔氏雜説》：「指蹤音作縱，非也。《周禮·地官》有『迹人』，注：『迹人，言跡知禽獸。』是亦蹤跡之義爾。」據李賢之注，任昉、德裕之文，與夫孔氏之説，則居仁之詩似可如是用，更俟知者質之。

校勘記

卷六

立言著論，以辨白是非，必須反覆抑揚，庶得著明。嘗觀《孟子》辨百里奚自鬻之事，何其切至也！至韓文公勸李賀舉進士，而時以爲非，故作《諱辨》，觀其反覆抑揚，論辯甚力，其布置機軸，蓋出《孟子》。試併録于此。「萬章問曰：『或曰百里奚自鬻於秦養牲者五羊之皮，食牛以要秦穆公，信乎？』孟子曰：『否，不然，好事者爲之也。百里奚，虞人也。晉人以垂棘之璧與屈産之乘，假道於虞以伐虢，宫之奇諫，百里奚不諫，知虞公之不可諫而去之秦，年已七十矣，曾不知以食牛干秦穆公之爲汙也，可謂智乎？不可諫而不諫，可謂不智乎？知虞公之將亡而先去之，不可謂不智也。時舉於秦，知穆公之可與有行也而相之，可謂不智乎？相秦而顯其君於天下，可傳於後世，不賢而能之乎？自鬻以成其君，鄉黨自好者不爲，而謂賢者爲之乎？』」此一段反覆著明如是。韓《辨》亦略舉于此：「律曰『二名不偏諱』，釋者曰『謂若言徵不言在也』。律曰『不諱嫌名』，釋者曰『謂若禹與雨之類也』。今賀父名晉肅，賀舉進士爲犯二名律乎？爲犯嫌名律乎？父名晉，子不得舉進士，若父名仁，子不得爲人乎！夫諱始于何時？作法制以教天下，非周公、孔子歟？周公作詩不諱，原註：若「克昌」、「駿發」之類。孔子不偏諱二名，原註：如宋不足徵，某在斯。曾子父名晳，不諱昔，今上章及詔不聞諱滸、勢、秉、機也。原註：虎、世、丙、基皆唐帝名。惟宦官宮妾乃不敢言論及機，以爲觸犯。原註：代宗名豫，玄宗名基。士君子立言行事，宜何所法守也？今考之于經，質之于律，稽之以國家之典，賀舉進士爲可耶？爲不可耶？凡事父母得如曾參，可以無譏矣；作人得如周、孔，亦可以止矣。今世之士，不務行曾參、周、孔之行，而諱親之名則務勝于曾參、周、孔，亦見其惑也。夫周、孔、曾參卒不可勝，勝周、孔、曾參乃比于宦官宮妾，則是宦官宮妾之孝于其親，賢于周、孔、曾參者耶？」其反覆抑揚，與孟子辨百里奚事比而觀之，雖詳略不同，而深切著明，蓋亦一揆也。

墨客王聖美少謁一達官，值其正談《孟子》，殊不相顧。忽問聖美曰：「嘗讀《孟子》否？」曰：「平生愛之，都不曉其義。」主問：「不曉何義？」曰：「從頭不曉。」主人曰：「試言之。」曰：「既云孟子不見諸侯，因何見梁惠王？」其人愕然無對。大慶觀此雖若戲笑之談，忽遽中亦自難對。近見《陳氏新話》云：「《孟子》之書，有一言可萬世行者，有言之今日而明日不可用者。孟子不見諸侯，而見梁惠王，學者至今疑之。然孟子豈無特操者，此固《孟子》開卷第一義也。」陳氏之言如此，不知竟作何說。大慶嘗思而得之。孟子論去就之義曰：「迎之致敬以有禮，言將行其言也，則就之；禮貌未衰，言弗行也，則去之。其次雖未行其言也，迎之致敬以有禮，則就之；禮貌衰，則去之。」按《史記·魏世家》惠王卑禮厚幣以招賢者，鄒衍、淳于髠、孟軻皆至，然則孟子之見惠王，非以其「迎之致敬而有禮」乎！

馬侍讀大年云：「高郵老儒黄彦和嘗謂孟子去齊，三宿而出晝，讀如晝夜之晝，非也。《史記·田單傳》後載燕初入齊，聞晝邑之人王蠋賢，劉熙注云：齊西南近邑，音獲。故孟子三宿而出，時人以爲濡滯也。」大慶謂彦和見晝邑人王蠋賢，遂以此出晝字爲晝，然觀之《説苑》，以爲蓋邑人王蠋。且齊有蓋大夫王驩，而陳仲子食采于蓋，其入萬鍾，則齊亦自有蓋邑也。然則《説苑》以爲蓋邑人王蠋，又與晝不同，恐改晝字而爲晝，亦所未安。今《通鑑》晝，《音注》司馬康釋音胡卦切，亦曰西南近邑，又不音晝，何耶？

「自昔歌詞或謂之曲，未見其始。《琴書》：『蔡邕嘉平初入青溪，訪鬼谷先生所居。山有五曲，一曲製一弄：山之東曲常有仙遊，故作《遊仙》【一】；南曲有澗，冬夏常緑【二】，故作《淥水》；中曲即先生舊所居也，深邃岑寂，故作《幽居》；北曲高巖，猿鳥所集，感物愁生【三】，故作《坐愁》；西曲灌木吟秋，故作《秋思曲》。三年曲成出示，馬融甚異之。』然蘇武詩云：『幸有弦歌曲，可以喻中懷。』則音韻稱曲，其來久矣。又按《韓詩》曰：『有章曲曰歌，無章曲曰謡。』」原註：以上見《能改齋漫録》。愚觀《淮南子》云：「樂作而喜，曲終而悲。」則在前漢時已有曲矣。又《詩》之《園有桃》曰：「我歌且謡。」《毛詩注》亦云：「曲合樂曰歌，徒歌曰謡。」然則歌既自古有之，則所謂曲者，其來也遠。按《文選·宋玉對問》有云：「其曲彌高，其和彌寡。」是戰國時已有曲矣。又觀諸《列子·湯

【一】遊仙　今本《能改齋漫録》卷一《歌辭曰曲》條作「遊春」。

【二】緑　同前今本作「淥」。

【三】生　同前今本作「坐」。

問》篇云：「伯牙鼓琴，鍾子期善聽。伯牙志在高山，子期曰：『善哉，峨峨兮若泰山。』志在流水，子期曰：『善哉，洋洋兮若江河。』曲奏，子期輒窮其趣。」按列子在莊子之前，乃春秋末人也。又宋玉《笛賦》：「師曠將爲《陽春白雪》之曲。」又《莊子·漁父篇》：「孔子坐乎杏壇，弦歌鼓琴，奏曲未半，有漁父下船而來，左手據膝，右手持頤，以聽曲終。」《家語·困誓》：「孔子厄于陳蔡，絶糧。孔子弦歌，子路入見曰：『夫子之歌，禮乎？』孔子弗應。曲終，曰：『由來，吾語汝。』」又云：「子圍于匡，子路彈琴而歌，孔子和之，曲三終，匡人解甲而罷。」又《史記》：「孔子學琴于師襄，子曰：『丘已習其曲矣。』」由是觀之，師曠與孔子同在春秋時，亦已謂之曲矣。《樂府解題》云：「武王伐紂，作歌，使工習之，號曰《巴渝之曲》，因其地以《巴渝》取名。」據此，則曲之名又先見于武王之時，未知《解題》何據而云爾。要之，吴氏謂歌詞未見其始，而謂起于蔡邕、蘇武，殆不然也。

大慶按，《列子》第三篇：「周穆王時，西極之國有化人來，入水火，貫金石，反山川，移城邑，乘虚不墜，觸實不硋，千變萬化，不可窮極。既已變物之形，又且易人之慮。穆王敬之若神，推路寢而居之，引三牲以進之，選女樂以娱之。化人以王之宫室卑陋而不可處，王之廚饌腥螻而不可饗，原註：螻，力侯切。王之嬪御膻惡而不可親。居無幾何，謁王同遊，王執化人之袪，騰而上者，中天乃止。暨及化人之居，搆以金銀，絡以珠玉，耳目所觀聽，鼻口所納嘗，皆非人間之有。王實以爲清都紫微，鈞天廣樂，帝之所居也。」觀此，所謂西極之化人者，其佛歟？蓋佛家有蘂宫金地之説，真珠瓔珞之象，不茹羶葷，不育妻子，是所謂以王之宫室爲卑陋，以王廚饌嬪御爲腥惡，而又與《宣律師傳》所謂「周穆王時佛法至中國」之説脗合。山谷嘗讀《列子》，便謂「普通年中事，不從葱嶺傳來」。其亦有見于此歟！吴氏《漫録》既引《列子》，而反不及此，故大慶以是增廣之【四】。

吴氏《漫録》云：「《離騷》曰：『埃飂風兮上征【五】。』《吴都賦》曰：『翼飂風之颾飀。』班固曰：『飂，疾也。』然則飂風者，疾風也。謝玄暉詩：『珍簟清夏室，輕扇動涼飂。』謝靈運詩：『幽【六】宿薄京畿，晨裝摶曾飂。』注：『曾飂，高風也。』二謝以飂爲風，何耶？」大慶觀馬融《廣成頌》：「靡飂風，陵迅流。」注：「飂，疾風也。」張協詩：「燮燮涼葉奪，戾戾飂風舉。」注：「戾，急也。」江逌《風賦》：「若飂厲狂震，觸物怒號。」皆以爲風之急疾者。至陶淵明詩：「蕤賓五月中，清明起南飂。」又柳詩：「樹竹邀涼飂。」原註：茆簷下栽竹詩。「孤旐凝寒飂。」原註：哭凌員外。羅隱《賦蟋蟀》云：「頑飂斃芳。」及《篇》、《韻》注，皆直以爲風爾，豈特二謝爲然哉？東坡詩：「沙泉半涌草堂在，破牕無紙風飂飂。」是與《離騷》、《吴賦》同矣。又云：「長春如稚女，飄揺倚輕飂。」是又以飂爲風，不知何爲自異耶？蓋嘗思之。《家語》曰：「舜歌《南風》之詩曰：『南風之薰兮。』」故後人遂以薰風爲夏風，如曰：「薰風自南來。」又曰：「薰風行應律。」皆謂之薰風者，言其風之薰然也。至權德輿《感寓》詩云：「朱弦祕南薰。」是直以薰爲風也。然則飂風猶所謂

【四】故大慶以是增廣之　原與下文連，依文意下爲另一條無疑，今分。武英殿本此句適至行末。但未乙止，疑爲疏漏。

【五】埃飂風兮上征　新版《能改齋漫録》卷五「埃」作「溘」，誤，當作「溘」，一作「埃」。又《離騷》此句今本皆作「溘埃風余上征」，「埃」、「飂」義有不同，然葉大慶此文所論即「飂風」，「飂」字應非刊誤，或葉氏所見本如此。惟「埃飂風兮上征」句式與《離騷》不合，「兮」字當作「余」字。

【六】幽　《藝文類聚》卷二十七謝靈運《發石首城》詩（《能改齋漫録》引作《初發石頭城》）作「出」，是。

薰風，涼颸猶言南薰也，詩人欲其語新，故更易用之爾，深于詩必能辨之。原註：張説《扈從溫泉宮》詩：「騎仗聯聯環北極，鳴笳步步引南薰。」

「唐張謂詩：『家無阿堵物，門有寧馨兒。』以寧爲去聲。劉夢得《贈日本僧知藏》詩云：『爲問中華學道者，幾人雄猛得寧馨。』以寧爲平聲。蓋《王衍傳》云：『何物老嫗，生寧馨兒！』山濤叱王衍語也。又《南史》：『宋王太后疾篤，使呼廢帝，帝曰：「病人間多鬼，那可往？」太后怒，謂侍者：「取刀來割我腹，那得生寧馨兒！」』按二説，知晉、宋間以寧馨兒爲不佳也，故山濤、王太后皆以此爲詆叱，豈非以兒爲非馨香者耶！雖平去二聲皆可通用，然張、劉二詩義則乖矣。東坡亦作仄聲，《平山堂》詩云：『六朝文物餘丘隴，空使姦雄笑寧馨。』」已上皆吳虎臣《漫録》所載也。大慶按《通鑑》注云：「寧字《晉書》無音，世以甯音之，寧馨猶言阿堵，指物之稱。」意謂斯言是也。阿堵物猶言這箇物也，寧馨兒猶言如此兒也。平聲去聲皆通，而美惡亦皆可用。原註：蓋寧字平聲、去聲，古多通用。如《左傳》僖七年「盟于甯母」，《公羊》則以爲「寧母」。宣十一年「楚納公孫寧」，《公羊》則以爲「公孫甯」，《史記·酷吏傳》「寧成」，《前漢書》作「甯成」，《王莽傳》「羣下勸職，永以康甯」，康甯即康寧也。蓋通用爾。《晉書》云：「王衍神情明秀，風姿詳雅。總角嘗造山濤，濤嗟嘆良久，既去，目而送之曰：『何物老嫗，生寧馨兒！然誤天下蒼生，未必非此人也。』」此乃先褒後貶之辭。先褒之，謂何人生得如此兒；後貶之，故以然字爲間隔。《論語》：「子游曰：『堂堂乎張也，爲難能也。』

然而未仁。』」【七】與此文理一同。《漫録》乃謂山濤詆叱王衍之語，非也。至王太后怒廢帝之不來，我何爲生得如此兒，此乃怒駡之辭爾。然則張、劉詩自可如是用。若專謂爲詆叱，以兒爲非馨香者，恐未然也。大慶近見馬侍讀大年《懶真子録》云：「古今之語，大都相同，但其字各别爾。古所謂阿堵者，今所謂兀底也。王衍口不言錢，家人欲試之，以錢遶牀，不能行，因曰『去阿堵物』，謂口不言去卻錢，但云去卻兀底爾。如顧長康畫人，或數年不點目睛，人問其故，曰：『四體妍媸，無關妙處。傳神寫照，正在阿堵中。』蓋當時以手指眼，謂在兀底中爾。後人遂以錢爲阿堵物，眼爲阿堵中，皆非是。蓋此兩阿堵，同一意也。」又云：「寧馨兒，寧去聲，馨音亨。今南人尚言之，猶言恁地也。」竊謂馬侍讀之説在大慶則爲暗合，但其字别耳，因具録之，以見《漫録》之言爲未盡。大慶又按，《世説》殷浩見佛經云：「理亦應阿堵上。」原註：《文學》第四。又劉孝標引宋明帝《文章志》：桓温大陳兵衛，謝安曰：「諸侯有道，守在四鄰，明公何須壁間著阿堵輩！」原註：《雅量》第六注。此所謂阿堵，與上意義一同也。又殷浩嘗至劉惔所清言，殷去後，乃云：「田舍兒强學人作爾馨語。」原註：《文學》第四。王丞相云：「見謝仁祖，常令人得上。」與何次道語，惟舉手指地曰：「正自爾馨【八】。」桓温詣劉真長。卧不起，桓彎彈彈劉枕，劉作色曰：「使君如馨地，寧可鬭戰求勝。」原註：《方正》第五。劉孝標注《世説》引《書林》【九】曰，王仲祖好儀形，每覽鏡自照曰：「王文開那生如馨兒！」原註：《容止》第十四。此所謂如馨、爾馨，亦與上

【七】論語子游曰堂堂乎張也爲難能也然而未仁　引文似有誤，今《論語·子張》：子游曰：「吾友張也爲難能也，然而未仁。」曾子曰：「堂堂乎張也，難與並爲仁矣。」

【八】「王丞相」至「正自爾馨」　此條見《世説新語·品藻》第九，原註漏註。

【九】書林　據《世説新語》當作《語林》。

寧馨義一同也。江西詩派李商老詩：「短李門前無寧馨，書淫詩癖類天成。」詩意蓋本于張謂。如山谷詩：「語言少味無阿堵，冰雪相看有此君。」陳簡齋《目疾》詩：「天公嗔我眼常白，故著雲花【一〇】阿堵中。」若如此用事，深于詩者必知之。原註：近見梁元帝爲湘東王所纂《金樓子》，亦舉宋王太后事云：「引刀破我腹，那得生如此兒。」直改作如此字，則與大慶之説不約而同矣【一一】。

舊見一相識云：「《揚》子言螟蛉之子殪，而逢【一二】果蠃，祝之曰：『類我！類我！』久則肖之矣。《揚》子之言未然也。《爾雅》曰：『果蠃，蒲盧。』郭璞注曰：『即細腰蜂也，俗呼蠮螉。』今此蜂或取桑蟲、或取蜘蛛之子，負而入房，遺子其身，數日子出，因食其蟲而漸長，非是化他蟲爲己子也。」愚方疑其説，續見人言多與此同，乃知《揚》子之言未盡物理。或曰，《詩》不云乎：「螟蛉有子，果蠃負之。」鄭箋云：「取桑蟲之子，負持而去，養之以成其子。」《中庸》「蒲盧」注亦云：「取桑蟲之子，化之以成己子。」釋《爾雅》者亦云：「取桑蟲負之于木空原註：音孔。中，七日而化爲子。」《搜神記》曰：「土蜂純雄而無雌，不交不產，常取桑蟲之子育之以成己子。」今謂《揚》子之言未盡然，則彼皆非歟？蓋類我之祝，始見于《法言》，釋《爾雅》者既援《法言》而爲説，而鄭氏注《詩》、《禮》亦本于子雲者也。雖然，大慶亦未能輕信人言，妄疑前哲。續見《本草》蠮螉，「一名土蜂」，陶隱居士注：「雖名土蜂，不就土中作窠，謂摙原註：力展切。土作房爾。今一種黑色細腰，銜泥于壁及器物邊作房，生子如粟，置其中，乃捕草上青蜘蛛十餘置其中，仍塞口，

【一〇】雲花　《簡齋集》作「昏花」。

【一一】按：此條論及「寧」、「甯」兩字之區別，而原刊一作「甯」，今依文意將應作「寧」處改作「寧」。

【一二】逢　原作「逄」，據《法言》卷一改。

以俟其子大而爲糧也。其一種入蘆竹管中，亦取草上青蟲。一名果蠃，詩云：『螟蛉有子，果蠃負之。』或言細腰物無雌，皆取青蟲教祝變成己子，斯爲謬矣。」我朝嘉祐中，掌禹錫等按蜀本注云：「蠮螉即蒲蘆，蒲蘆即細腰蜂，不特負持桑蟲，亦以他蟲入穴，用泥封之，數日成蜂飛去。陶云生子如粟在穴，乃捕他蟲爲之食，今人有候其封穴，壞而看之，見有卵如粟，在死蟲之上，則如陶説矣。而詩人以爲喻，蓋知其大，不知其細也。」大慶見此，益知揚子于物理爲未盡，昔人固已察之。而指蟹爲六跪二螯，不獨荀子之誤也。今《本草圖經》既舉段成式祝聲可聽之言，復援宋齊丘曰：「蠮螉孕螟蛉之子。」遂謂如隱居之説，有子如粟，未必非祝蟲而成之。大慶謂段、宋之説要皆本于《法言》，而《圖經》又欲合陶説以附會子雲，非的論也。大慶嘗見養桑蠶者有一種班蠅，每入蠶室，必遺子于蠶身，故其身遂成黑點，他日作繭，則蟲先穴繭而出，其後復生翅爲蠅，益知果蠃遺子蟲身之説爲可信。而掌禹錫按蜀本注以信陶説，必不誣矣。近見《藝苑雌黄》亦論及此，且謂比觀董彦辰《聞辯新録》云：「土蜂取桑蟲，乃産子蟲背，以泥封之，子生食蟲，因而成蜂。」此説亦與論合。益知前人議論，蓋有所覩，不徒影響于見聞也。因觀文昌、漁隱蟄燕之説，聊附于此。

吴氏《漫録》曰：「《晉・王導傳》：『蔡謨曰：但見短轅犢車，長柄麈尾。』按《後漢・馬援傳》：『乘下澤車。』注云：『行澤者欲短轂，行山者欲長轂，短轂則利，長轂則安。』短轂者，短轅也。蓋本于《周禮・冬官》『車人爲車』。」云云。大慶竊謂此言非也。

愚嘗學《禮》而知車之制，轂與轅正自不同。《老子》曰：「三十輻共一轂。」則轂居輪之中，所以爲利轉者也。《孔叢子·廣器》：「轅謂之輈。」則轅居車之前，所以駕牛馬者也。原註：《周禮》輈人注：輈，車轅也。但輈與轅一物而異名。據《周禮》輈人之職而言之，駕馬之車謂之輈，駕牛之車謂之轅。故國馬、田馬、駑馬皆言輈，而于大車則言轅。大車，牛車也。所謂轅下駒，則馬車亦通謂之轅。是則轅與輈同，而轂與轅異。以其犢車，故短轅爾。今乃以「行澤者欲短轂」爲言，是混轅轂爲一物，恐誤後學，故特辨之。

唐徐堅《初學記》引《蒼頡篇》曰：「『殿，大堂也。』商、周以前其名不載，《史記·始皇紀》始曰：『作前殿。』」《石林燕語》謂初未有稱殿，皆起于秦者，其本于堅之所記而云乎？大慶續見高承《事物紀原》云：「《禮記》與《白虎通》俱曰『天子之堂』，《史記》『秦始皇作朝宫渭南，先作前殿阿房』，《商君書》有言『天子之殿』，則是秦自孝公已然矣。蓋秦始曰殿也。」大慶亦嘗考之。《通鑑外紀》：「晉平公布蒺藜于殿下，師曠刺足，曰：『五鼎之具，不當烹藜藿；人主堂殿，不當生蒺藜。』」「齊景公怒，有罪者縛至，置殿下。」《説苑》：「齊大旱，晏子曰：『君誠避宫殿暴露，與靈山河伯共憂，其幸而雨乎』！」又云：「晉平公爲馳逐之車，立之于殿下。」又：「魏文侯御廩災，文侯素服避正殿。」《戰國策》：「要離之刺慶忌也，蒼隼擊于殿上。」《家語》：「楚王將遊荆臺，司馬期諫，王怒之，令尹子西賀于殿下。」又：「齊有一足鳥，下止于殿前，景公使問孔子，孔子曰：『此鳥名商羊，水祥也。』」又《史記·優孟傳》：「楚莊王欲以棺槨葬馬，優孟入殿門，仰天大哭。」諸書殿之名已見于春秋、戰國，不始于秦也，況《六韜·立將篇》【一三】太公曰：「凡國有難，君避正殿。召【一四】將曰：『社稷安危，一在將軍。』」此其來也遠矣。然則徐堅、《石林燕語》、高承皆謂起于秦者，其然，豈其然乎！

嘗考許慎《説文》：「殿，堂之高大者也。」《漢書·黃霸傳》：「張敞奏霸集計吏能言孝弟風化者上殿【一五】。」是丞相府中有殿也。顔師古註：「丞相所坐屋也。」又《霍光傳》：「鴞數鳴殿前木上。」師古又註云：「古者室屋高大，則通呼爲殿，非止宫中。」及《董賢傳》：「起大第，重殿洞門。」師古于此乃曰：「殿有前後，僭天子制也。」不以殿爲高屋之通呼，自爲同異，何耶？意者重殿乃爲天子制耶？又梁王立謂：「傅相不以仁義輔翼，大臣皆尚苛刻，宫殿之裹，毫氂過失，亡不暴陳。」而魯恭王靈光巋然，議者不以爲僭制。則人臣之堂，亦謂之殿矣。大慶嘗泛而觀之。《藝文類聚·漢宫闕名》曰：「長安有臨華、飛雲、昭陽等殿，蕭何、曹參、韓信並有殿。」原註：《初學記》亦同。《太平寰宇記》：「河南道鄆州須城縣有東平憲王蒼所起之殿。」又：「廣濟軍定陶縣有定陶恭王殿基。」是知兩漢時不以殿爲僭也。至《魏·張遼傳》：「文帝引遼親問破吴狀，帝曰：『此亦古之召虎也。』爲起殿舍。又特爲遼母作殿。」齊高帝爲齊公，以石頭城爲其世子宫，王儉引靈光殿例，以廳事爲崇光殿，外齋爲宣德殿。即是而觀，唐以前上下猶稱爲殿也，至唐則不

【一三】六韜立將篇　原誤作《六韜·五將篇》，據《六韜》改。

【一四】召　原誤作「令」，據《六韜·立將篇》改。又下文所引不誤，亦可證。

【一五】漢書黃霸傳張敞奏霸集計吏能言孝弟風化者上殿　《漢書》卷八十九作，敞奏霸曰：「竊見丞相請與中二千石博士雜問郡國上計長吏守丞，爲民興利除害成大化條其對，有耕者讓畔，男女異路，道不拾遺，及舉孝子弟弟貞婦者爲一輩，先上殿……」于義略有出入。

然，觀師古註《漢書》辭意可見矣。

《事始》云：「後漢鍾離意《諫明帝起北宮疏》云：『陛下躬自克責，降避正殿。』此避殿之始也。」《紀原》云：「《史記・吳王濞傳》：『七國反，景帝召將軍曰：楚王卬等重逆無道，朕素服避正殿。』則其事始自景帝也。孝宣之世，亦行其禮，秦、漢以上未聞，而《事始》謂自明帝始，非也。」大慶嘗考之。《説苑》：「魏御廩災，文侯素服避正殿。」又：「齊大旱，晏子曰：『君誠避殿暴露，與靈山河伯同憂，其幸而雨乎！』」又太公《六韜》曰：「凡國有難，君避正殿，召將曰：『社稷安危，一在將軍。』」然則景帝以七國反而避殿命將，正用此故事也。而謂始于景帝，可乎？《事始》以爲明帝，《紀原》以爲景帝，所謂楚則失而齊亦未爲得也【十六】。

嘗觀諸書，見大舜之用法，何其忠厚之至也。《書》曰：「罰弗及嗣，賞延于世。」説者曰：「人情莫不愛其子孫，不欲者惟恐子孫之陷其中，所欲者惟恐子孫之不獲與。聖人之政，本于人情，故罰弗及嗣，以父子之罪不相及也，而賞則得以延其世。」又曰：「罪疑惟輕，功疑惟重。」蓋聖人以君子長者之道待天下，樂君子之有功，而不忍小人之有罪。故罪疑者與其不屈吾法，孰若使民全其肌膚，保其首領，而無陷于法者乎？功疑者與其名器不僭，孰若使得爲善之利，而無觖望之意乎？至于「與其殺不辜，寧失不經」，夫枉殺無罪，妄免有罪，二者胥失也。必不得已，寧可妄免有罪，不可枉殺無罪，以存好生之心

【十六】按：以上三條均論殿，原或爲一條。

故也。觀此，則古人用法，其忠厚惻怛之意爲何如！　後世興君，誼辟之于法，亦未嘗不體是意。今所傳《刑統》一書，歷代相承，良法美意。我朝建隆初，又加修正，嘗試觀其梗概，其得帝舜遺意多矣。或者皆謂法家者多失之刻，大慶切以爲不然，且以一二明之。如斷罪之失于出入，均之爲不可也，然失入者減三等，失出者減五等焉，非忠厚乎！原註：見《斷獄律》。　赦前斷罪不當，均之爲不可也，然處輕爲重者，宜改從輕矣，而處重爲輕者，盍亦改而從重，今乃即依輕焉，非忠厚乎！原註：亦見《斷獄律》。　至若本應重而犯時不知者依凡論，本應輕而犯時不知者聽從本其原情定罪，又豈非忠厚乎！原註：《名例律疏議》曰：「假有叔姪，别處生長，素未相識，姪打叔傷，官司推問始知，聽依凡人鬬法。又如别處行盜，盜得大祀神御之物，如此之類，並是犯時不知，得依凡論，悉同常盜斷。其本應輕者，或有父不識子，主不識奴，毆打之後，方始知，悉須依打子及打奴本法，不可以凡鬬而論，是名本應輕者，聽從本其原情定罪。」　蓋至于犯罪時幼少，事發時長大，依幼少論，此以犯罪時定法者，從輕之意也。犯罪時未老疾，事發時老疾者，依老疾論，此以事發時定法者，亦從輕之意也。原註：《名例律》第四。　以至有官廕犯罪，無官廕事發，則以犯時論；無官廕犯罪，有官廕事發，則以發時論。無往而非從輕，亦無往而非忠厚也。原註：《名例律》第二。　況乎大功以上，許相容隱，其或告言，如自首法。原註：上《名例》四十六條，下三十七條。莫非忠厚惻怛之意。此類甚多，未易枚舉。孰謂法家之多刻！彼其謂慘刻而少恩者，無亦用法者之過歟！有能推《刑統》之意，而施于法理之間，則有虞氏之忠厚，不外是矣！

佚文

論馬遷疏略而難信

嘗觀蘇子由《古史》，序謂：「太史公淺近而不學，疏略而難信。」夫馬遷爲編年之法，爲本紀、世家、列傳，自五帝、三王以來，網羅散失放佚舊聞，據《左氏》、《國語》，采《世本》、《戰國策》，貫穿經傳，馳騁古今，上下數千載間，斯以勤矣。謂之「淺近不學」，則幾乎過；若夫「疏略而難信」，亦誠未免。遷作《孔子世家》，謂：「孔子年十七，孟僖子病且死，戒其嗣懿子事之。」遷豈無所見者！遷蓋見夫《左傳》昭公七年：「公至自楚，孟僖子病不能相禮，乃講學之。」「及其將死也，召其大夫曰：『禮，人之幹也，無禮，無以立。』云云。『我若獲没，必屬説與何忌於夫子，使事之而學禮焉，以定其位。』故孟懿子（何忌）與南宫敬叔（説）師事仲尼。」馬遷因此遂謂孔子時年十七，蓋以孔子生於襄公二十二年庚戌，至昭公七年丙寅，是爲年十七也。殊不知《左氏》記載之法，或先經而始事，或後經以終義。僖子之死，實在昭公二十四年，孔子時蓋三十四矣。《左氏》載於昭公七年者，蓋僖子是年相昭公，至鄭，不能相儀，及楚，不能答郊勞，故載其歸而學禮，乃併及其將死丁寧之言，所謂先經始事也。杜預注云：「二十四年，僖子卒，傳終言之。」蓋知此矣，何遷不詳審，遂以爲孔子年十七時乎！然則謂其疏略，誠有之矣。近世待制胡公舜陟作《孔子編年》一書，既斥遷《史》之非，遂以僖子使其子學禮之事載於昭公二十四年，且謂遷弗深考其言，是矣。然孔子謂南宫敬叔曰：「吾聞老聃博古知今，通禮樂之原，明道德之歸，則吾師也，今將往矣！」對曰：「謹受命。」遂言於魯君曰：「孔子將適周，觀先王之遺制，考禮樂之所極，斯大業也。君盍以乘資之？臣請俱往。」魯君予以乘車馬二匹，敬叔與俱至周，問禮於老聃，訪樂於萇弘，歷郊社之所，考明堂之則，察廟朝之度，於是喟然曰：「吾今乃知周公之聖，與周之所以王也。」此段見《家語》第十。今《編年》以此併載於昭公二十四年，大慶未敢以爲然也。何以明之？觀《家語》所載南宫説、仲孫何忌既除喪，而昭公在外，時爲季氏所逐。未之命也。未命二人爲卿大夫。定公即位，乃命之，辭曰：「先臣有遺命焉，曰：『夫禮，人之幹也，非禮無以立。』囑家老使命二臣必事孔子。」公許之。《家語》第四十一。所謂「公許之」者，乃定公也。按《左傳》，僖子卒於昭公二十四年二月，明年九月，昭公孫于齊，又明年四月，二子始除喪。則所謂昭公在外，定公即位乃命之，參觀互考，《家語》爲實録矣。是則敬叔得定公之許而學於孔子，定公因敬叔之請而予之車馬，所謂公者，定公也。《編年》乃併載於昭公二十四年，毋乃不考之《家語》乎！蓋僖子既卒之後，昭公未出之前，二子方居喪也。自二十五年昭公孫于齊，至三十二年薨于乾侯，中間六七載，正處患難之中，何暇以車馬資人，使之觀遺制、考禮樂哉！大慶嘗反覆而觀，《孔子編年》大率本之《古史》爾。《古史》亦以敬叔請於魯君，魯君與之車馬爲昭公之時，若以《家語》證之，《古史》亦未爲得也。班固譏遷，而范曄復譏固曰：「古人所以致論於目睫。」今《編年》因《古史》引《左傳》以證馬遷之弗深考，而大慶復按《家語》以明《古史》、《編年》之未必然，恐後之視今，猶今之視昔也，故願與博學者訂之。按《左傳》僖子曰：「必屬説與何忌於夫子，使事之。」故孟懿子與南宮敬叔師事仲尼。杜預注：「説，敬叔；何忌，懿子。」今遷《史》謂釐子與僖同。誡其嗣懿子曰「孔丘，聖人之後」云云，「若必師之」。及釐子卒，懿子與魯人南宮敬叔往學禮焉。以敬叔爲魯人，不知其爲僖子之子，是亦疏略之一端也。

論史記不載燕昭築臺事

「前輩以王文公詩云：『功謝蕭規慙漢第，恩從隗始詫燕臺。』以臺字爲失。《史記》止云爲隗改築宮而師事之。然李白詩云：『何人爲築黄金臺。』荆公詩本此。」以上吴氏《漫録》所載也。大慶按《新序》及《通鑑》皆云「築宮」，與《史記》同，不言臺也。李白屢用黄金臺事，如《行路難》云：「誰人更掃黄金臺。」又云：「燕昭延郭隗，遂築黄金臺。」又云：「掃灑黄金臺，招邀廣平客。」又云：「如登黄金臺，遥謁紫霞仙。」「侍筆黄金臺，傳觴青玉案。」杜甫與白同時，詩云：「揚眉結義黄金臺。」又云：「黄金臺貯賢俊多。」則杜亦嘗用之。柳子厚云：「燕有黄金臺，遂致望諸君。」《白氏六帖》：「燕昭王置千金於臺上，以延天下士，謂之黄金臺。」則唐人相承用之者多，荆公詩不獨本於白也。大慶又按《唐文粹》皇甫松有《登郭隗臺》詩。又梁任昉《述異記》：「燕昭爲郭隗築臺，今在幽州燕王故城中，土人呼賢士臺，亦謂之招賢臺。」然則必有所謂臺矣。而用臺字，亦豈爲失！後漢孔文舉《論盛孝章書》曰：「昭王築臺，以尊郭隗。」意者燕臺事始此，獨未見所謂黄金事。及宋鮑照《放歌行》云：「豈伊白璧賜，將起黄金臺。」則黄金之名，其始見於鮑照乎！李善注乃引王隱《晉書》：「段匹磾討石勒，屯故燕太子丹黄金臺。」又引《上谷郡圖經》曰：「黄金臺，易水東南十八里，昭王置千金臺上，以延天下士。」且燕臺事人多以爲昭王，而王隱《晉書》乃以爲燕丹，何也？及觀《水經注》而後得其説。《水經注》云：「固安縣有金臺，訪諸耆舊，咸言昭王禮賢，廣延方士，如郭隗、樂毅、鄒衍、劇辛之儔，自遠而届者多矣，不欲令諸侯之客，伺隙燕邦，故修建下都，館之南垂。燕昭創於前，子丹踵於後，故彫牆敗館，尚傳俊列之名，雖無經記可憑，察其古跡，似符宿傳矣。」《水經注》之言如此。則其事雖本於燕昭，而王隱以爲燕丹者蓋如是。大慶故併記之。

論史記與通鑑紀事不同

大慶考戰國之事，與《通鑑》所載多有不合。如蘇秦説六國以合從，《史記》以爲齊宣、魏襄，《通鑑》則以爲齊威、魏惠。《史記》見《蘇秦本傳》。齊、魏會于徐州以相王，《史記》以爲齊宣、魏襄，《通鑑》以爲齊威、魏惠。周顯王三十五年。孫臏勝龐涓虜太子申，《史記》以爲齊宣，《齊》、《魏世家》皆以爲宣王，《年表》宣王二年。《通鑑》以爲齊威。蘇秦説齊王高宮室、大苑囿，《史記》以爲齊湣，《通鑑》以爲齊宣。《蘇秦傳》：「秦亡走齊，宣王以爲客卿。宣王卒，湣王即位，秦説湣王高宮室、大苑囿，意欲敝齊而爲燕。」《通鑑》則謂：「秦説宣王。」據《孟子》，雪宫與四十里之囿，皆謂之宣王，則與《通鑑》合。原《通鑑》所編，温公多因之前史，今乃不同若此，何耶？推其所自，皆起於齊宣、魏襄之立，年歲既已不同，故紀事因而亦異。蓋《史記》齊宣立於周顯王二十七年，《通鑑》以爲三十六年，相去凡十年矣。《史記》魏襄立於顯王三十五年，《通鑑》以爲靚王之二年，顯王在位四十八年而靚王立。相去凡十五年矣。夫其即位歲月既已差舛，則中間所載之事，烏得不牴牾乎！（以上三條均出自《永樂大典》卷一萬一百五十六，二紙韻史字下）

論莊子寓言

《莊子》之書，大抵寓言而非實。至於盜跖譏孔子之事，觀者不審，容或信之，不可不辨。《莊子》曰：「孔子與柳下季友。」且柳下季即柳下惠也，姓展名獲，字季禽，食邑於柳下，而謚曰惠也。《論語》：「柳下惠爲士師，三黜。」劉向《新序》亦云：「柳下季爲理於魯，三黜而不去。」然則季即惠耳，與展禽一人。大慶按展禽乃魯僖公時人，與孔子非並世，安得爲友耶？故《史記·孔子弟子傳序》明言孔子數稱臧文仲、柳下惠，然皆後之，不並世也。蓋孔子生於襄公二十二年【一】，《家語》、《史記》並云顏子少孔子三十歲，則回之生當在昭公二十年，襄公在位三十年而昭公立。三十歲早死，則回之死當在哀公三年【二】。昭公三十二年、定公十五年，而哀公立。今《莊子》云：「孔子往說盜跖，顏回爲御，子貢爲右，而跖且曰：『子路欲弑衛君而事不成，身菹於東門之上，是子教之不至也。』」大慶按子路死時，回死已久，安得回爲孔子之馭以見盜跖，而跖引子路之事以譏孔子哉！蓋子路死於哀十五年之冬，孔子死於十六年之四月，若如《莊子》之言，說跖當在十六年之春，展禽事見僖公二十六年，至是乃百六十二年矣，安得孔子不聽柳下季之言，而見其弟跖耶？此乃莊周倡提絶滅之學而譏切吾儒，故爲是寓言耳。彼世學者或以爲實然，豈非癡兒之前不可說夢耶！是以《史記·伯夷傳》注《皇覽》曰：「盜跖，柳下惠之弟。」《皇覽》者，魏文帝使諸儒

【一】襄公二十二年　原作「三十二年」。按襄公薨於三十一年，不得有三十二年，據《史記·十二諸侯年表》，孔子生於襄公二十二年。

【二】哀公三年　原作「三十年」，據《論語》等改。

繆襲等撰集經傳，隨類相從，凡千餘篇，號曰《皇覽》。至於楊倞注《荀子·勸學篇》，亦曰：「盜跖，柳下惠弟，孔子説之不入者也。」豈非皆據《莊子》而爲是言歟！是皆影響於見聞者。故大慶因併及之。（《永樂大典》卷一萬二百八十五）

按：今本卷三「《列子》之書，大要與《莊子》同，不可以其寓言爲實也」條末云：「大慶謂凡若此類，人固知其寓言，如引古人問答，容有未易覺者，故大慶特舉盜跖之譏孔子與管、晏之問答以明之。」則此「《莊子》寓言」條原當在「《列子》寓言」條之上。（以上輯自文廷式《純常子枝語》卷三十七）

《藝苑雌黄》云：「以子美之忠厚，疑若無愧於論交。其《投贈哥舒翰開府》詩云：『開府當朝傑，論兵邁古風。先鋒百勝在，略地兩隅空。』美之可謂至矣。及《潼關吏》詩：『哀哉桃林戰，百萬化爲魚。請囑防關將，謹勿學哥舒。』何先後相戾若是！槩以純全之道，亦未能無疵也。」大慶謂君子論人，瑕瑜不相掩；詩人所作，美刺難槩言。《左傳》隱公十一年存許之事，君子謂「鄭莊公於是乎有禮」，詛射潁考叔之事【三】，君子謂鄭莊公於是乎「失政刑」，二事同年而聯書，是非得失不相掩也。周之宣王，當時詩人雖或美之，而或刺之，豈故無定論哉！《雲漢》、《崧高》諸篇，乃美其所當美，《祈父》、《白駒》等作，亦刺其所可刺耳。當子美投贈哥舒也，時方立功青海，吐蕃奔北，當時寵幸莫比，固宜極褒美之詞；異時《潼關吏》詩，乃哥舒失守之後，故有「勿學」之語。揆之於理，其先

【三】詛射潁考叔之事　《左傳·隱公十一年》記有「詛射潁考叔者」之事，此省「者」字，意義不明。

後美刺，言各有攸當也。況乎詩人頌美，類多誇辭，觀子美《上太常張均》【四】則曰：「相門清議衆，儒術大名齊。軒冕羅天闕，琳瑯識介圭。」《上翰林張垍》則曰：「天上張公子，宮中漢客星。紫誥仍兼綰，黄麻似《六經》。」所以推美其兄弟者至矣，蓋二子以族望才名，聯居華貫，是時皆未有汙【五】僞命之事，二人張説子。雖言之溢美，未害也。知此，則投贈哥舒，豈得不推美之乎！李陵善騎射，謙遜下士，甚得名譽，及僨軍降虜，隴西士夫深爲愧恥，蓋才名鼎盛，固難預占其晚節，而末路一蝕，未免有負於初心，則譽於前而恥於後，亦公論之不可磨滅者。杜公之詩，要亦美其所當美，刺其所可刺，《藝苑雌黄》遂以先後相戾爲疵，豈其然乎！

《藝苑雌黄》云：「昔人文章，多以兄弟爲『友于』，以日月爲『居諸』，以子姓爲『貽厥』，以新昏爲『晏爾』，類皆不成文理。雖杜子美、韓退之亦有此病，豈非徇俗之過耶！子美云『山鳥山花皆友于』，又云『友于皆挺拔』，退之云『豈謂貽厥無基址』，又云『爲爾惜居諸』。」《後漢·史弼傳》云『陛下隆於友于，不忍遏絶』，曹植《求通親親表》云『今之否隔，友于同憂』，《晉史》贊論，此煩尤多。」吴氏《漫録》謂：「洪駒父云，此歇後語也，韓、杜未能去俗【六】，何耶？予以爲不然。《南史》劉湛『友于素篤』，《北史》李謐『事兄篤友于之情』，故淵明詩『一欣侍温顔，再喜見友于』，子美蓋有所本爾。」大慶謂古人多使「友于」，袁宏論曰：「東海稱藩，謙恭之心彌亮，明帝承統，友于之情愈篤。」又《晉書·齊

【四】子美上太常張均　所引詩見《杜詩鏡銓》卷二《奉贈太常張卿垍》。《新唐書》卷一百二十五《張説傳》載張垍曾爲太常卿，張均未嘗任此職。且葉文又引《上翰林張垍》（《鏡銓》卷一作《贈翰林張四學士垍》）詩，下注云「二人張説子」。則文中杜詩題作「《上太常張均》」乃作者原誤，非鈔刻之誤，姑不改。

【五】汙　原作「汗」。

【六】韓杜未能去俗　吴曾《能改齋漫録》卷八《友于》條無「韓」字，然《苕溪漁隱叢話》前集卷十二引洪氏語有此字。

王攸傳》「曾無友于之情」，則以友于爲兄弟，其來久矣。梁簡文《善覺寺碑》「居諸不息」，杜詩「童丱聯居諸」，《別張十三建封》。則「居諸」非獨韓用之也。又按《晉書·五行志》中何曾云「無貽厥之謀」，又《劉隗傳》「先君之德弘，貽厥之賜厚」，《齊謝朓賜左傳啓》「籯金遺其貽厥」，《藝文類聚·經典》門。然則退之所謂「貽厥」，亦相承用之爾。苕溪漁隱曰：杜詩「曠摶扶」，《莊子》「摶扶摇而上者九萬里」，疏云：「扶摇，旋風；摶，鬪也」，今云「摶扶」，亦是歇後語。然歇後語蘇、黄亦有之，蘇云「伯時有道真吏隱，飲啄不羡山梁雌」，黄云「斷送一生惟有，破除萬事無過」，然黄集此句，對偶甚工，後山以爲妍而反嗜之，不以爲病也。大慶觀枚乘《七發》云：「山梁之食，豢豹之胎。」《揚子法言》云：「山雌之肥。」不曰「雉」，而枚乘止曰「山梁」，揚子止曰「山雌」，則東坡所謂「山梁雌」者，亦本於此。然史傳所謂「歇後語」，何可勝數。梁武帝《立内職詔》：「刑于垂訓，周文所以表德。」《宋書·衡陽王義季傳》【七】：「今陽和扇氣，播厥之始，一日不作，民失其時。」「刑于」即「友于」之類，「播厥」即「貽厥」之比，古人類多用之矣。又觀任昉《進梁王牋》曰：「經綸草昧，歎深微管。」又簡文帝《長沙宣武王碑》「微管之風，餘芳無絶」，宋傅亮《宋公修張良廣教》曰「微管之歎，撫事彌深」，又傅亮《侍中王公碑》曰「體亞黄中，道及微管」【八】，又梁任昉《武帝追封長沙王詔》「道被如仁，功深微管。」並見《藝文類聚》。晉齊王攸箴曰：「驪姬之讒，晉侯疑申。」「微管」、「疑申」非歇後語乎！杜篤曰：「肇十有二。」又曰：「朔南暨聲。」傅亮曰：「道亞黄中，照隣殆庶。」

【七】宋書衡陽王義季傳　今《宋書》卷六十一《衡陽文王義季傳》未見下所引文。《宋書》係《南史》之誤。

【八】道及微管　「及」字原闕，據《藝文類聚》卷四十八補。

王元長作《策秀才文》：「克明之旨弗遠，欽若之義復還。」晉《應詹傳》：「陛下宜奮赫斯之威。」王融《曲水詩序》：「分陝流勿翦之歡，來仕允克施之譽。」劉昭《後漢·曆志》注云：「亦深盍各之致。」吳筠詩：「逶迤摇白團。」近觀洪丞相《隸釋·博陵太守孔彪碑》曰：「仁必有勇，可以託六。」皆所謂「歇後語」也。《漫録》又云：「唐相鄭綮，爲詩好歇後句，時人呼爲『歇後鄭五』。後之文士不復作歇後體，以其非雅正，獨石曼卿因登第覆落，例受三班借職，賦詩云：『無才且作三班借，請俸争如録事參。』是已。」大慶觀近時稼軒居士有《卜算子》詞一闋，其詞雖不雅正，然既作歇後體，又且押韻，亦不易也。《藝苑》又云：須【九】有人年七十餘，置侍婢年三十，東坡戲之曰：『侍者方當而立歲，先生已是者稀年【一〇】。』得無是類乎！」大慶謂此非歇後語，當謂之「橛頭語」可也。陸機《愍思賦》「屢抱孔懷之痛」，《歎逝賦》「怨具爾之多喪」，王融《曲水詩序》「定爾固其洪業」，魏文帝令曰「耳未聞康哉之歌」，安帝《貶樂成侯萇詔》曰「朕無則哲之明」，任昉《求薦士詔》亦曰「庶同則哲之明」，此皆一律，非「橛頭語」而何？

《直方詩話》：「荆公始爲集句者，多至數十韻，往往對偶親於本詩。蓋以誦古今人詩多，或坐中卒然而成，始爲貴也。其後多有效之者。孔毅父嘗集句贈東坡，次韻云：『羨君戲集他人詩，指呼市人如使兒。天邊鴻鴈不易得，便令作對隨家雞。』」云云。《遯齋閑覽》謂荆公集句詩，雖數十韻頃刻而就，詞意相屬，若出諸己，如云：「翻手爲雲覆手

【九】須　據文意疑當作「頃」。

【一〇】「侍者」二句　宋趙令畤《侯鯖録》三引蘇軾此詩作「令閤方當而立歲，賢夫已近古稀年」。《大典》所引《藝苑》作「者稀年」，「者」當屬誤字。

雨，當面論心背面笑。」皆杜詩，《上平【一一】交行》，下《莫相疑行》。合兩句爲一聯，而對偶精確如此。《西清詩話》乃謂集句自國初有之，未盛也，至石曼卿以文爲戲，於後大著，嘗見其《下第偶成》詩云：「一生不得文章力，欲上青雲未有因。聖主不勞千里召，常娥何惜一枝春。」云云。蔡寬夫《詩話》云：「世言集句自荆公始，予家□有至和中成都人胡歸仁詩，已有此作，自號『安定八體』，不知公嘗見與否也。」大慶觀舒王詩集，其集句凡四十餘首，如《題金山》一韻，乃四十句，信乎詞意相屬，如出一己，又《胡笳十八拍》凡十八首，亦皆集句爲之，餘多絶句，如《懷元度》云：「秋水纔深八九丈，扁舟陡轉疾於飛【一二】。可憐物色阻携手，正是歸時君不歸。」《贈張【一三】贇善》云：「潮打空城寂寞回，百年衰病獨登臺。誰能得似張公子，有底忙時不肯來。」《戲僧【一四】湛源》云：「恰有三百青銅錢，憑君爲看小行年。坐中亦有江南客，自斷此生休問天。」《即事》云：「漸老逢春能幾回，柴門今始爲君開。莫嫌野外無供給，更向花前把一盃。」《送張明甫》云：「艤船一棹百分空，五十【一五】年前此會同。南去北來人自老，桃花依舊笑春風。」莫不詞快而意聯，但對偶者少爾。近見《梅花集句》，其中警聯，若出一手，姑以數絶附見於此。「冬至陽生春又來，園林風暖凍痕開。化工清氣誰先得，若説高標獨有梅。」杜甫、羅隱、王履道、邵康節。「殘雪猶封宿草荄，南枝何遽得春來？東君定與花相厚，故遣凌寒特地開。」晁無咎、李希聲、玉溪、張文潛。「漏洩春光此一枝，水沉爲骨玉爲肌。從教臘雪埋藏得，自有清香處處知。」廖明略、山

【一一】平　《杜詩鏡銓》卷二作「貧」。

【一二】「秋水」兩句　丈，《王文公集》卷七十九作「尺」；於，作「如」。

【一三】張　原作「長」，其詩《王文公集》卷七十九題爲《贈張軒民贊善》，據改。

【一四】僧　《王文公集》卷七十九作「贈」。

【一五】五十　《王文公集》卷七十九作「十五」。

谷、荆公、毛澤民。「簾幙蕭蕭竹院深，吹香獨與我追尋。何人會得東風意，要試平生鐵石心。」張乖崖、竹軒、東坡、山谷。「薄薄仙衣淡淡粧，幾時塗額藉蜂黄。偏憐雪裏無雙艷，更占人間第一香。」謝無逸、張籍、周問祖、韓魏公。「江南歲晚雪漫漫，堪笑臞仙也耐寒。鬚撚黄金危欲墮，蔕凝紅蠟綴初乾。」韓子蒼、陳去非、荆公、林逋。「郎官湖上探者回，相與揮毫賦早梅。莫笑吟詩淡生活，爲君吟罷一御盃。」李白、范文正公、東坡、林逋。「冷冷疎疎雪裏春，氣清偏覺爽精神。世間無限丹青手，玉骨冰肌畫不真。」李希聲、何明、高蟾、劉厚。「竹裏横斜一兩枝，惱人風味可誰知？願君採擷紉幽佩，始見清香無盡時。」毛達可、陳去非、東坡、楊元素。「竹陰松影翠相連，耿耿幽姿伴歲寒。慣負曉霜甘寂寞，結爲三友冷相看。」陳去非、張文潛、韓忠獻、東坡。《落梅》云：「正是春容爛熳時，不堪愁笛一聲吹。香銷色盡花零落，只待青青子滿枝。」東坡、陳參、喬知之、羅適。《臘梅》云：「香蜜染成宫樣黄，鬱金叢裏見新粧。精神不比籬邊菊，風落孤標又國香。」謝無逸、吕居仁、張文潛【一六】。《紅梅》二首云：「玉頰何勞獺髓醫，猶嫌太白傅燕脂。一枝帶雨牆頭出，此畫楊妃出浴時。」東坡、徐顧仲、謝無逸、杜祁公。又云：「枝頭灼灼爛生光，獨占新春第一芳。故作小紅桃杏色，頩姿照水似臨粧。」參寥、張文潛、東坡、趙德麟。《墨梅》云：「杖藜點檢故園梅，雪壓林寒春未回。紙上今朝見顔色，不論時節遣花開。」魯宏父、周少隱、張會川、東坡。凡若此類，前輩所謂意與言會，言隨意遣，不見有牽率排比處，豈不謂佳也哉！

【一六】按此註原闕一人名。

大慶丁卯年抵豫章，因見林介翁震、葛司成次仲皆有集句詩，觀其所集，機杼真若己出，但其混然天成，初無牽强之態，往往有勝如本詩者，誠足使人擊節也。試舉其警聯，附見於此。林公所集，如《樽前》詩：「莫將年少輕時節，老去還能痛飲無？」上許渾、下居易。《鄉飲明日貢士携長牋見訪書以爲謝》云：「方趨上國期干禄，先惠高文謝起予。」上牧、下愈。《元日有感》云：「愁知酒盞終難捨，病看椒花祇自憐。」上羅隱、下劉長卿。其貫穿切於事情如此。又有四句一意，如《三月晦日》詩：「蕭蕭光景去何頻，三月惟殘一日春。古往今來祇如此，可憐多少惜花人。」龐礪、令狐楚、杜牧、王安石。《元日朝回》云：「地上晴煙掃不開，傳呼仙仗九天來。小臣拜獻南山壽，萬歲長傾萬歲盃。」上二句安石、下二句李白。皆如一人所作。雖然，此絶句耳，猶未足見其工，至於八句，全篇中有對，尤爲不易，如《集英春宴罷赴太常寺點宿》云：「孔雀徐開扇尾還，玉階朝罷卷晨班。蝶隨花艷留星弁，日繞龍鱗識聖顏。晝漏未移天正午，朱衣只在殿中間。斜陽醉出宫城去，獨宿冰廳夢帝關。」子美、永叔、趙槩、子美、王珪、子美、陳充、永叔。其他警句，意貫而對偶者尤多，如云：「勸君更盡一盃酒，與爾同消萬古愁。」王維、李白。「幸得詩書消白日，能將富貴比浮雲。」王堯臣、永叔。「將何政術稱循吏，未有涓埃答聖朝。」禹偁、子美。「也知世路名堪貴，其奈田園老合歸。」張祜、居易。「往恨忽從中夜起，衰顏不似舊時紅。」王珪、堯臣。「豈有文章驚海内，更無親族在朝中。」上杜甫、下荀鶴。「風情已被愁將去，懶性還從病後多。」上鄭文寶、下王令。「去國一身輕似葉，憂民兩鬢欲成霜。」李師中、杜衍。「病嫌樽酒都無味，貧覺家山不易歸。」元絳、羅隱。「道直任從流俗怪，病多能使壯心摧。」种放、永叔。至於觸景詠物，其屬對輕重尤更均等，如云：「滿砌荆花鋪紫毯，點溪荷葉疊青錢。」白、杜。「烟含嫩柳交加碧，溪映山花細碎紅。」李山甫、鄭文寶。「日暮數峯青似染，春來雙港滑如飛。」王建、張伯玉。「清風明月本無價，近水遠山皆有情。」歐陽公、蘇舜欽。「樹影不隨流水去，水【一七】光常共夕陽來。」方干、蔡襄。「苦吟風月惟添病，愁對鶯花枉過春。」荀鶴、禹偁。「門通小徑連芳草，池引幽泉漲白蘋。」郎士元、鄭文寶。「愁腸聽滿渾無夢，病眼先春已見花。」上文寶、下安石。「百年莫惜千回醉，一笑相看萬慮開。」翁綬、王存。「鑒已每將天作鏡，嫁愁惟仗酒爲媒。」荀鶴、王寶。已上皆林集之警聯也。葛公所集，如《生涯》詩：「歸山何不早，緣欠買山錢。」樂天、禹錫。《夏日》詩：「清風北窗下，猶足傲羲皇。」李白、高適。《中秋月》詩：「無因駐清景，欹午又明年。」武元衡、司空圖。亦皆意貫，略無綴緝之迹。其絶句詩亦可佳，如《惜花》云：「落花飛絮正紛紛，慢緑妖紅半不存。可惜風和夜來雨，却將春色寄苔痕。」鄭谷、退之、居易、長孫。《九日》詩：「高秋寓目更徘徊，多少鄉心入酒盃。正被遶籬黄菊笑，望中難得白衣來。」吴融、趙嘏、龜蒙、趙節。《還人詩句》云：「把君詩卷燈前讀，字字清新句句奇。坐到天明吟未足，翻將唱作步虚詩。」白、韋莊、白、白。《窮巷》云：「不嫌窮巷似漁樵，自古園【一八】林遠市朝。鵬背負天龜曳尾，飛沉隨

【一七】水　二句「水」字複，疑當作「山」。

【一八】園　今《樊川文集》卷四《送隱者一絶》作「雲」。

分各逍遥。」韓偓、杜牧、白、白。至如八句有對偶者，數篇尤佳，如《幽居客至》詩：「無事焚香坐，逍遥一卷經。雨荒深院菊，風約半池萍。有客過茅宇，呼兒掃竹亭。廚人具鷄黍，復設甕頭清。」張籍、齊己、杜、愈、杜、愈、浩然、同。《三月晦日》詩：「花片亂飛愁殺人，風吹雨洒旋成塵。百午莫惜千回醉，三月惟殘一日春。生去死來都是幻，酒酣睡足最關身。西樓悵望芳菲節，添得臨歧淚滿巾。」沈彬、禹錫、翁綬、令狐楚、居易、鄭谷、韓偓、羅隱。《故人春遊》詩：「東郊立馬望城池，旋把金鞭約柳絲。歌酒家家花處處，春風日日雨時時。别來同説經過事，醉後齊吟唱和詩。得失任渠但取樂，不應窮巷久低眉。」應物、張祜、居易、齊己、張籍、同、龜蒙、韓翃。其他警聯切對，五言者云：「山歌猿獨叫，水宿鳥相呼。」白、杜。「病久歡情薄，年加記性銷。」羣玉、鄭谷。「盡日看山立，有時尋竹行。」居易、張籍。「强飲沽來酒，重看讀了書。」耿緯、姚倫。「孤烟生暮景，踈竹漏斜暉。」韓、白。七言者云：「船衝水鳥飛還住，棹拂荷珠碎却圓。」韓偓、子美。「山色好當晴後見，歌聲長向月中聞。」白、牧。其他佳句，未易枚舉，然集句之工，至此極矣。姑筆大槩於此，使觀者嘗鼎一臠，則知其味云爾。（《永樂大典》卷八百二十二）

《緗素雜記》云：「《世説》：『王右軍年十歲時，大將軍王敦甚愛之，常置帳中眠。大將軍嘗先出，右軍未起，須臾錢鳳至，屏人言逆節之謀，都忘右軍在帳中。右軍覺，既聞所論，知無活理，乃陽吐汙頭面被褥，詐熟眠。敦論事半，方憶右軍未起，相與驚曰，不得不除之！乃開帳，見吐唾縱横，信其熟眠，於是得全，時稱其有智。』又《晉書》：『王允之總角時，從伯敦常以自隨，出則同輿，入則共寢。嘗夜飲，允之醉，先卧，敦與錢鳳謀爲逆，允之已醒，悉聞其言，慮敦疑己，於卧處大吐，衣面並汙。鳳出，敦果照視，見允之卧吐中，以爲大醉，不復疑之。』二説大同小異，未知孰是，必有能辨之者。」大慶謂當以允之爲正。何以言之？按陶隱居《真誥》，其《闡幽微》篇云：「逸少升平五年辛酉歲亡，年五十九。」按此則逸少生於惠帝太安二年癸亥也。敦之舉兵内向，乃元帝永昌元年正月，計其與錢鳳謀時，當是大興四年辛巳歲也。右軍生於癸亥，至是年十九矣，《世説》乃曰十歲，以此知其誤也。今《通鑑》亦作允之云。（《永樂大典》卷六千八百三十）

開禧德安守城録

⊙王致遠撰

程郁 整理

點校説明

《開禧德安守城録》，一卷，王致遠撰。致遠生平不詳，僅知爲德安通判王允初子，嘉定時監襄陽倉，嘉熙間曾知温州府。

該書詳記宋開禧二年（一二〇六）至三年通判王允初堅守德安城（今湖北安陸市）事。據本書序跋，王允初爲永嘉（今屬浙江）人，字元父，又字茂遠，調德安郡丞不久即臨敵難。德安郡守懦，王允初領軍民苦拒金兵，守城一百有八日，城得以完。書記當時攻戰之策，尤詳於攻守戰具，如對樓、流馬、石砲等，爲宋代軍事史不可少之史料。如孫詒讓所言：「所記雖一人一時之事，而爲讀《宋史》者拾遺補闕。」

自宋以來諸書目皆未著録，僅郡縣誌尚載其目。據原書跋，元大德元年，允初從孫會稽縣教諭淇老，侍允初嫡孫漢老，在家藏中得梓本抄録。清孫詒讓稱，其父鏘鳴得自中表王仲蘭家藏抄本，謂原帙猶宋本之舊，書前有南宋嘉定十七年曹彦約序與李皐後序，曹序亦見於今本《昌谷集》卷十四。詒讓受父命校訂，以爲該書可信，並輯有關文獻匯入附録，同治壬申刊于金陵，此本後收入《永嘉叢書》。

本次整理，以《永嘉叢書》本爲底本，校以相關史籍。

序

開禧兵釁既啟，虜悉力闖諸郡，時主諸多以戎帥，不然亦勇將，兵屯至少處，猶不下數千。獨安陸以内地故經理所不到，乃受敵最慘。守雖將家子，懦不解事，幸而得存，則余同年兄王元父之力也。當丁卯之春，虜戀戀無去志，得縋者來言，城中疫癘大作，老且病者，醢猫以侑食。余聞之泣曰：「人之愛猫近於愛子，殺貓而甘其味，去相食無幾矣！」既而白之宣府，又書其事以告於朝，曰：「路無安陸，是無鄂渚，自江以南將何所恃？」責同時在位者不恤元父盡力之意。朝廷雖知元父忠，顧事又不暇恤也。時列郡無重兵，身不當其任，受圍者百有八日，遮蔽天塹，困强虜以俟水潦，迄全其城，其用力良苦哉！

圍解二十年，元父亦修文地下久矣【一】。昔既不自狀其勞，則後於今日者，益不足以考其概矣，每切憂之。今監倉君示《守城録》一編，纖悉具備，列禦寇之法，固足以示訓。

若元父之所以用心與其所以和衆，上以安其親，下以刑其妻子，講學之明，而用志之堅，有非文字之所盡者，更在於《守城録》之外也。嘗論開禧用兵之時，主事者竊取諸老先生復讐大義，謂簞食迎師者可以立致，謂六月北伐者可以圖全。然體統不明，規模不定，吴曦、趙淳、皇甫斌之徒已受密議，重兵壓敵境，然後迫諸賢以稱王，人勢不可辭，亦不

校勘記

【一】元父亦修文地下久矣　原脱「久」字，據《昌谷集》卷十四改。

可止。及乎虜大舉三邊，數千里皆已受敵，宣司擁虚名於内，無一兵可以增益，至董世雄輩以朝命來援，亦傲睨不卹國事，本末倒置之弊，一至於此。全安陸而不敗，必有人如元父而後可也。

監倉君善繼其志，善述其事，有《守城録》如此，可謂元父賢子矣！余素善元父，不但慈恩之契，及守漢陽，倚安陸以爲固，識其受敵之事，如録不謬。忠肝義膽，固已隱然於録矣，以死自許，卒不得死，不幸而死，元父不媿也！

顔平原、張睢陽以守城著名，一生一死，至今道守城事者，指二公爲稱首，無所輕重，以其事在守城，雖生死猶末也。儒者以忠信爲甲胄，禮義爲干櫓，置死生於度外，然後可以行志，此又録外之意，不可不考。

元父名允初，永嘉人；《同年小録》中字茂遠。監倉君名致遠。嘉定甲申孟夏既望，東匯澤曹彦約序。

後序

自魏崔浩已有南人善守城之説，然以余觀之，亦唯其人耳。佛貍飲江，諸郡盡下，世宗南伐，鎮戍迎降，其能力捍堅拒久而始陷者，特一二城耳，謂南人善守城之説，殆不能例言。故余謂兵無强弱，唯所以用，城無堅脆，唯所以守。安陸自建炎、紹興，以值國家陽九之厄，連遭巨寇，如王在、黨忠、楊進、孔彦舟、董平、趙壽、曹成、李横等，相繼攻擾，近者三四日，久至二十日，唯横六十五日乃解。然是時海内雲擾，民人流離，此等迫於飢困，乘□嘯呼，轉徙求食，以延一旦之命耳，非有專城掠地之志也。

密學陳公守此，以策勳名，顧非淺智譾材者所可企望。余讀《開禧守城録》一編，然後知運判王君元父之功，亦不在陳下。况陳公之所捍者，一時崛起之剽賊，而君之所捍者，方張之勍虜也；賊之兵少，虜之兵多。陳公受圍其最久者，六十有五日，君受圍乃百有八日。由此觀之，則君視陳公所成就爲尤難。

方城中危急之時，君始爲貳，觀其守禦之方、懷撫之略，皆出君紬繹規制，而爲守者殆拱手而蒙成耳。一時對敵，隨機應變，莫不皆有法，而於中最善者，是復收棗陽潰敗之兵，與生得虜將不殺，而用其計以成功，尤深得古名將之遺意。崔浩之言，至是果信而有徵與？抑亦解難排紛，有因乎其人，不可常遇與！

方寇至之日，君太夫人實在焉，此人情之至難，而君志在徇國，母子相守，寧共仗義俱死，不肯棄義苟生。嗚呼，壯矣哉！近世之論者往往曰：守節致命，士固當爾，然捍城阽危，曷若聽民出避，而吾獨與將士俱守弗去可也。殊不知守城一遭閉圍，當上下一心，大小齊力，左右奔救，厲志堅守，庶能死中得生；苟一聽民出，不唯留者寡助，不能獨存，而人心一摇，淪胥以敗，不可復去，則留者固不可免，而去者亦未必全，彼此均一死耳。而一去一留，孰得孰失，智者於此亦當知所擇矣。孟子曰：「鑿斯池也，築斯城也，與民守之，効死而民弗去。」聖賢立言垂教之意，豈不甚明？君之成功，得非由其母子之間知義所在，相誓死守弗去，故能以固一城之人，而卻暴至之虜勢歟？

歲在丁卯，余將漕夔門，以蜀亂，出請兵於荆湖宣閫，甫至江陵，被旨赴行在，過鄂渚，友人項平甫邀余飲酒，得安陸捷書於坐間，是時已知捐軀捍患、忠力不匱爲可敬。尋典武陵，繼改畀帥閫，是時君方拔擢爲守。蓋朝廷始知君之行能絶人，天下亦必知君可倚任於緩急者也。暨余歸蜀，官簿推移，復自東蜀詳刑，將輸湖右，又與君爲代。雖未得一接君之色辭，然尋常書疏往來，情分相與，固已不淺矣。

後十有三年，制置上游，而君之子致遠出示此編。余讀之嘆曰：昔趙充國征西羌既還，謂其所善浩星賜曰：「兵事當爲後法。吾老矣，豈嫌伐一時事，不爲陛下明言利害，卒死誰當復言之者？」蓋古之賢將拳拳憂國之心，慮後之遠如此。今致遠之爲此録也，豈獨以盡論譔顯揚之義，且將留傳於世，俾後之守邊者視以爲式，其於國家豈曰小補。然則致遠可謂知忠孝之方矣！余故喜爲之書。嘉定甲申冬至，眉山李埴序。

開禧元年，歲在乙丑，冬十有二月，先公運使蒙恩丞郡德安。

明年，尚書薛公叔似宣諭京湖，待制陳公謙總軍餉，侍郎吴公獵帥江陵，尋改宣諭爲宣撫。冬，就以陳公副之。

夏六月，招撫副使皇甫斌喪師於唐、鄧，更以荆鄂都統趙淳臨邊，金虜甚傲無道，邊堠始驛騷。安陸今號次邊，北距信陽二百里，西北距隨百三十。公度隨、信陽無城池，且不素脩守備，力必不支，虜無信、隨之限，則必中於安矣。況辛巳和議再定，釋兵符五十年，郡無戍卒，廂、禁軍之籍僅四百，不嫻兵事，凛凛然日謀備守之策，且恐貽親憂。太夫人聞之，曰：「汝當努力國事，置吾度外。」公雖拳拳不忘，然亦遂得一意脩守備。是時帥府委公治民兵，公覈五縣，得四千餘人，番上詣府，親莅教習。總所待制也委公糴三萬石以給邊餉，公稍登其直以徠商販，越月告辦。遂集僚屬語之曰：「兵食，守禦之本，今則義勇粗勝，兵餉尚乏，糴請留之益郡，計歲糴儲積之粟，則寇至可與民共守，以無乏食。」遂力請於總所。

冬十月，諜報虜宿重兵百餘萬於南京，將以十一月徙屯方城，尅日渡淮，勢甚鴟張。是月五日壬午，趨棗陽。宿將馬拱、張虎、韓源以將士三千人當之，殲焉。先是，宣威令應山縣戍軍雍政、馬謹四千人增戍棗陽，至則遇敵，拱等方以死戰，政、謹麾前隊，赤身馳之，與拱等皆斃。政潰圍，僅得稍輯後軍，還奔應山。

七日甲申，虜犯神馬坡，事益迫，求救宣司，不報。時棗陽潰卒無所底止，公議招之以助守，太守李公師尹持之曰：「彼潰軍也，不可以語勇。」公曰：「國家養兵有年，前日力不敵故潰。今安陸有城無兵，驅市人以守且不足，得素所教習之人而用之，不猶賢乎？」迺便宜發經總制錢，遣使諭之，得二千一百一十人，皆踴躍願從。又厚犒茶商饒彧等，令募其徒及土豪市兵，凡二千人。又益以安陸、雲夢、孝感、應城四邑民兵，得二千二百，唯應山義勇留以備信陽之境。未幾，諜者趙逸刺虜欲先攻隨，得隨，則以其兵犯襄、安。公與守言：「安陸舊以守得全，然所當不過盜賊。今大敵不日至矣，其鋒不可當，城爲保民爲之也。」相與下令令民人入城，徹屋伐木以充爨，輿粟輦帛以儲備，決渠塘以益壕浸，發防城庫以列之城上。乃分隅庀職，給役授材，立旂幟，嚴號令，部伍整齊。民或以草爲屋廬者，令徹之，以防焚爇。郡舊有干城之器，巨細畢具，承平既久，吏士皆後出，謾知所措，惟棗陽潰軍一見皆能辨。布置施用，人與器習，一郡皆服公之先見。有獻誠於公曰：「太夫人年餘八十，不可以聞戒，盍輿至旁郡。」公謝之曰：「事親、徇國之心均耳。今大敵在境，衆方摇摇，若母先往，則衆必亂，衆亂，則尺寸不可前，況他境乎？效死弗去，守貳之分也。況堅守未必死，去未必全，吾生死誓與此城俱矣。」言者媿而退。

十二日己丑，虜師至隨。是日，隨守雷世忠單騎過城下，公叱之曰：「逃城賊！」射之，疾馳以免。時宣司遣左軍正軍牛成以五百人至。又明日辛卯，右軍準備將任廷佐所部亦五百人。十六日癸巳，宣司統轄李誼將宣效軍號兵二百五十有五，皆即登城，分地禦守。

十七日甲午，虜候騎百餘至城下，視地爲營。公亟集郡僚至天慶觀，恭迎聖祖御容入城，以分宗子伯葓扈侍。金人百餘騎追襲，任廷佐射殞一夫，乃退。或謂太守密選義勇駿馬數十匹屏藏之，謀與其姪誼以家遁。公誦言詆之，陰爲羈縻，使不得去。弓會士人蕭其姓者，疏守賣降狀，請殺之。公曰：「守怯懦不任事，背叛則決無之。今虜勢方張，當一乃心以攘大難，奸人離閒，何所不有？」遂焚其書，以安上下之心。

十八日乙未，虜衆十餘萬自棗陽長驅而至，分布城之東、西、南三面高岡之上，旌旗蔽空，騎卒遍野，見者皆失魂魄。次於城北教場立中軍將帳，植五色旂，夜中明炬燭天，萬枹擊鼓，以素帛抹額，面城而號，河水騰沸，屋瓦震動，立者負户。公徐謂衆曰：「此兵家脅城法也，當以靜待之。」命偃旂仆鼓，寂若無人，乃與太守及僚屬議曰：「虜勢未易當，其情叵測，今鳩合雖衆，非有養用訓練之素，孰恃以爲固守？況朝廷宣司未必察也，告急孰可行乎？」教授陳之經、監税蔣梓應命，遂選將吏鹿升等一十三人與俱。

十九日丙申，潰圍馳出齊安門，虜至雲夢縣仵落市，陳、蔣、鹿升僅以五輩免。由是往來衝要虜咸置郵以警，内外隔絶，赤白囊不通。公卒以厚賞募壯士乘閒夜出。

二十日丁酉，虜擁衆數十急攻景陵、夢澤門，重列傅城騎，垂鐵圍牌，率撤民户門扇自衛，發矢如雨。公與僚屬親督軍士掣砲揚石，弓弩俱發。令之曰：「今日正汝輩報國之秋，挫虜鋭氣在此一舉，有功者皆受上賞。」衆聞願以死拒。選宣效王越、王顯等下城，得首級二。楊安等下景陵門迎敵，頗有斬獲，迫而墮溳河者無數。是日，自朝對禦至申時乃退，諸將兵以官資者三。

二十一日戊戌，虜軍大隊向東南分營梢，飛矢入城，城守之兵未嘗解甲。時太守擇勁捍刀斧手五百人自衛，即所招棗陽之潰卒也。將佐有請於公曰：「兵力寡弱，安得壯士居閒地，願奪之以益城陴。」公曰：「方此擾攘，將儀衛以應爾。兵以氣爲主，吾作之使勇，一可當百，何以此五百爲？若輩苟有志事功，爭先趨赴，或偷懶無庸，縱驅之未見有益也。不若捐之以安其志，無使忤拂。」

二十二日己亥，虜閉不出。

二十三日庚子，齊安門有射入飛書者，視之，乃言：「爾城中遣二使持書往宣司乞援，至應城爲我所獲，今醢之矣。」衆皆懼，公曰：「是必得其從行者，詰而知之。如果得教授、監税，何不以書來示？乃以空言惑衆邪！」

二十四日辛丑，虜軍不動。公與太守及僚屬議曰：「虜以重兵壓孤城，人心懼惶，當奮我而懾彼。今乘其方至，營壘甫定，地勢未習，吾使人閒道出奇以攻之，得小捷亦足以安人心也。」於是命張全等選勇敢數十人，許授以官。酉時，又使徐希稷、監税李景翔、任廷佐資遣之，焚斫賊寨。時景陵門外居民樓宇毁拆不盡者，爲賊所據，張全等徑入之，奪其弓弩器甲。李俊得級胄，有白虎將軍之識。於是揭以巡城，士氣頗振。

二十五日壬寅黎明，虜軍運竹緄草木四下填壕，分布行列周遍州城，勁弓强弩，矢發如注。軍民中傷稍多，死者十餘，城壁上箭如蝟毛，公私屋廬得數千枝。城上要轄十有三處，虜驅精兵數萬，舁洞子、雲梯，極力盡隳奪之技，又焚大安門及慕連、極目二亭。公巡行城上，訓厲諸隅將佐軍兵，悉力拒敵。至火所親提壺以先，厚許賞犒，命任廷佐等救撲，以土窒大安門。四隅皆發弓弩，木石、巨械、手抛磚礫助之，虜軍死者甚衆。又募茶商市兵二百八十有五人，下城殺完顔千户十餘級，迫而隕河益衆，迨晡乃退。捍禦者許奏以五官資，下城者又益以二，犒賞有差。

二十六日癸卯，祭北斗於清風樓，用方士法斬狗，以釁貯血，引砲飛狗首、釁血於虜寨，以厭之。夜半，擇勇鋭七十有八人下城，防守八門，以備虜火。四鼓，先所遣宣司乞師之卒持教授前二日書間入，具言宣司無同仇之賦，遂詣江陵帥司，檄信陽三關統制王綦、孫鐸來援，已持牒如三關矣。城中尋遣介速之。

二十七日甲辰，至二十八日乙巳，虜軍閉營。

二十九日丙午，遣宣效勇鋭并茶商土豪等二百餘人斫營，焚其攻具及府北雙橋所積填壕竹屑數千束，夜分乃歸。先所遣焚碓石屯田庄谷之土軍，及信陽趣王、孫赴援之卒皆返。知二統制偕行，而孫以二千五百人繇孝感過漢陽，觀望於陽臺。王以七百人倍道疾馳而來，未至府十八里，遇虜三千騎，死戰不利，王逃，併軍士數人僅免，餘皆没。

十二月二日戊申，再分遣人於樞密院宣撫司乞師。先嘗差指揮使何廣防築栗林分界，爲虜所得。中夜遣何廣叩壽山門，詭言鄭統制救兵在壽山門外，欲以誤入，公命麾之去。

三日己酉遣中軍張亨、李成齎蠟書告病於宣撫司。夜，發勇鋭兵下城，奪虜划車弩牀一。

四日庚戌，虜酋領衆千餘相城。

五日辛亥，丙夜發勇鋭王贇等十人，齎藥毒陳婆港西水步、東水步、雙橋步及壽山門外水，以絶馬飲。

六日壬子，差胡勝等十人毒張婆前港。

七日癸丑，虜步騎數千人於夢澤、景陵、壽山、大安四門植土如堵，公巡城，戒飭將士，嚴兵以備，旋引去。

八日甲寅，虜軍數百人夜盜決景陵門東、夢澤門西壕水，城上射之，乃退。

九日乙卯，公令任廷佐、趙伯詸等守禦將官等，即城上分選精鋭二百餘人，由淯津、大安門下，焚並河虜人居室，殺傷渰没甚衆，生擒番首汪卒律没多，及殺千户蘇用祥。任廷佐以下各許官資有差。虜軍自此不敢過河以西。

十日丙辰深夜，虜軍千餘人運竹木、鵝車、洞子、對樓稍向夢澤門。先所遣卒李杞是夜自鄂州回，言孫統制將二千五百人逗留陽臺，陳教授以王統制獨戰敗，復如江陵，及再遣人速孫鐸，給稱宣司令就陽臺防江、保鄂州。

十三日己未遲明，虜軍大譟，飛矢入城，以二對樓近景陵、夢澤門，塞門外壕塹，城上亦以强弩對。夜縱火燒壽山門外林木。

十四日庚申，公與太守及僚屬議曰：「孫鐸既擁兵不進，宣司無急病攘夷之心，若徯外援，適懈衆志，惟自爲固守策。況虜既久次，攻具日益，如皮洞之類，一望數百，夾道如屏以覆役者，矢石不能害。若塞凹成隧，飛樓、雲梯一或並城，其事危矣！非數遣人要遮捕斬，徒以力抗，恐未易當。」衆咸謂然。既又巡城，明諭將士曰：「本府數於宣司求援，竟未有發到人馬，往往防禦處多，分遣不及。爾輩當盡心戮力，自致功名，況祖宗德澤在人如此，天地神明亦當效順。前日朝廷出師恢復，義所當舉，但主帥不得其人，故有今日。今虜擁衆數萬，圍我七里之城，以强弱論之，雖若可畏，以順逆觀之，則決可保，縱有援兵至，適分汝輩之功耳。但誓死報答國家，堅守此冬，及春氣暖，虜自不能駐矣。」又□以前代忠烈之事，合城將士莫不感動奮發，私相語曰：「府判節制忠義如此，我輩如何不向前用命？他口朝廷決不負我也。」公聞之喜曰：「孰謂人心不可以感動邪！」於是選勇鋭蔡佐等百餘人斫營，公面命之曰：「有能生擒虜軍，當與重賞，或得首領人，賞又數倍。」

蓋欲知其動息。是夜，於景陵門外燒洞子五十餘及填壕竹木，斫斃數十人，生得一小校張勃撒。公與太守親詰之，言自襄陽回，先往信陽，信陽降，留百餘人守之，以二百人屯棗陽，一萬户屯隨州。今城下有十五萬户，每萬户部十輩千户，千户領七八輩謀克，一謀克管百人或七八十人，合而言之，萬户司七八千人，號稱萬人，童元帥及都統共主之。約十六日後連日攻南門，益立七梢、九梢砲有百，擊景陵門戰櫓。公因好問之曰：「何以禦砲？」勃撒曰：「對以索網，則不及屋矣。」先是，防城庫麻縴甚多，衆莫識其用，至是始知當爲網索。公乃命義勇及官兵罥成網，及以囊貯糠土以備，而厚賞蔡佐等。

十五日辛酉，虜軍率其徒二列旍幟，張紫蓋，將騎千餘，距城一里所，自南周遭相視，至景陵門，視天橋對樓，趣移洞子稍近城，以竹枝雜土填壕。公令軍士以火箭爇竹，發施風砲擊殺數人。中夜，公與太守詣真聖堂祈禱，以血祭城隍及關王廟。有安陵鄉民間道赴城云：「過虜東寨，聞有言曰：『今日相師相城，謂城色青黄氣，春則城堅，涉夏則旺，恐不及攻。』」守陴聞之，氣增百倍。

十六日壬戌，虜移中軍帳於夢澤門南，鳴鼓大譟。自興國寺後出皮洞至夢澤、景陵門，運竹梢、雜木。城中矢石俱發，擊死數人，役遂稍緩。旋於景陵門外立七稍、九稍大砲凡五，雜擊樓櫓，城上以索網、土囊等護之。虜視之駡曰：「南蠻子何以知出此？」公令支使將都壕寨張斌於南門城下立七稍砲一、旋風虎蹲小砲十數，令進士馬必勝、葉正夫、馬煒領市兵挽拽對之，大者隳其攻具，小者瘠其役夫。自此交擊凡十有五晝夜，樓堞震動，勢岌岌然，藉護城之具不圮。

十七日癸亥，虜以鵝車、洞子二三百，錯比貫續至景陵門弔橋，役夫奔走於下者率繫腰。衆知爲虜驅吾民，不忍射，第以火箭焚其竹木，虜人救撲不滅，煙迫洞口，始漸退。又擊柝挽對樓以前，城上以矢石當之，殺傷過當。日昃，公命勞守禦者。

十八日甲子，虜軍以洞子集弔橋陡陡，弔橋處陡門。砲擊吕字樓，且射火箭，隨撲滅之。亦以樓下立七稍砲以對，令官兵王召等數十人强弩齊發，賊始退，乃備具葺壞。亭午，東南隅卓望報，虜騎千餘由千金路向西北舉燧，疑是分兵回襄陽。

十九日乙丑，城外引大砲擊景陵門及樓櫓，公令守望者鳴鼓虛喝，以覘其去留。賊不知其所以，遂自荻港引洩大砲名至夢澤門岡上陳列。其夜，公與太守、僚屬於防城庫議出城奮擊，而士不素練。乃畫虎於布，揭於叉戟之上，置鈴於下，名曰「布牌」，褶爲三五彌縫之，陳爲前隊以拒馬，强弩居後，遇敵則俱發，日肄習之。

二十日丙寅，虜攻具益備，悉力填壕，晝夜擊石，將大合兵攻城，壕漸爲平地，距城甚邇，害氣滋熾。公召張斌及諸軍首領諭之曰：「爾輩素習軍事，彼若悉攻具臨城，何以禦之？」衆讙曰：「以死捍而已。」獨斌以爲當焚其樓。公曰：「然。」乃斂民家蘆箔竹器及茗莽之包，實以枯草，雜以火藥。備畢，又策天橋必鉤城則可度，遂刜木格，博下而鋭上，俟天橋對樓臨城，則以木格格於女牆頭簞籬排木之上，使隉杌不可登。又慮萬一度橋乘城，則人將驚潰，令於塡壕所向城面，以木縱横如棋局，下綴以足，高尺有五寸，號曰「地網」，以鐵蒺藜連參其上，使不可下。

二十一日丁卯，公謂太守及僚屬曰：「是遠爲之備，若用至此，亦敝矣。必先壞其攻具乃可，然虜以彌月之久樓櫓方備，勢必力爭，宜析其力，以遏横潰。」於是公與太守、支使、監税即郡廳選勇鋭，得一千二百四十人，開湏津門，斫東南寨，焚燬洞子、砲坐、對樓、天橋，令叉戟手持布牌强弩在後，事皆素習，虜騎來爭，弩手乘之，人馬披靡，斃者甚衆，遂焚洞子百餘。虜兵亟拽天橋、對樓退以避火，諸寨兵皆出，城中望衆寡不敵，亟鳴鉦止之，全軍而歸。勞將士以下有差。

二十二日戊辰，虜人攻擊愈急，城中益砲於景陵門應之，殺賊三十餘，碎洞子十餘，遂稍退。夜中，遣土軍龍旂、王文往宣司、樞密院重告急。夜半，虜分兵由黄連坡三水渡，太山廟下大譟，白兆山西北一路皆舉燧。質明，景陵門壕上虜忽斬一人，羣舞而去。或謂厭魅，或謂有兵自北來去。

二十三日己巳，呂字樓砲手陳雲言：「虜大砲五，唯此樓相對，其九稍之匠手最高，石無虛發，城中之砲與彼隔城，乃能視不以目，而度以意，尚猶命中，若更小進，雲輩斃矣！當先擊之，則它砲自當奪氣。」公奇之，諾以重賞。雲引砲一發，虜亦對擊，如是數四，果碎其匠之最者。虜之砲卒皆呼號而走，以是發砲一晝夜。

二十四日庚午，虜大砲併發，擁皮洞斫景陵門月牆，城中以砲碎之。俄頃，南門五里外有攻具聳如浮屠，馬數十挽於前，卒數百擁於後，或進或退，衆莫能辨。公熟視之曰：「草塔也，其狀高而鋭，人不可登，束蒭茭爲烽，是將附城以焚吾樓櫓。」命治火箭，令善射者數十人俟之，且傳令守陴之士聞金則鳴鼓嘯呼。已而草塔頗近，火箭盡發，擊鼓鳴梆，衆指嘯呼，雲合風起，一爇而盡。虜失笑而返，軍民大悦。

二十五日辛未，虜衆鑿穴吕字樓下羊馬牆，牆壞，壓而死者數人，城上弓弩、砲石競發，又殺傷數十人。夜闌，虜軍大呼發火，焚景陵門，守禦者極力救撲而止。

二十六日壬申，公夜遣勇鋭軍兵五十餘緣布下城，掀其皮洞入壕，覘其有備，急返。

二十七日癸酉向曉，虜以步騎入景陵門，布陣周密，有對樓、天橋，高與城齊，橋上以木爲過道，約廣一丈，其長倍之。鵝車、洞子三百餘，皆博一丈、高八尺，攻景陵門并陽字、吕字樓。又以雲梯三十餘，分攻西北隅月字樓。其衆可三萬，更進迭上，矢石交集，賊勢熾甚。公與僚屬親督守禦，將兵死拒，以火矢焚其樓，且以所備火牛、蘆箔、竹器然火，擲其樓橋，矢石佐之。樓上決所櫃水以灌火，急退百步於南岡之側，其攻城者失勢，亦辟易奔避，遂以弩砲擁入湏河，死者甚衆。其南寨又以步騎過西北隅，攻極目亭、清暉亭、虎頭崖、月字樓，徙雲梯數十蟻附登城，梯首有機，去來便利。公以所攻地城最庳，又復自南而北，親督軍兵盡力捍禦。虜益引精鋭之卒更番而進，騎軍亦奔忙逼城。官兵盡登敵樓及極目亭屋表，以强弩、礧石、礧木等臨之，始畧退。其中軍帳下麾旂大呼，轉攻齊安門及月字樓，命守禦策應兵併力距之。自昕至昃，合城不炊，唯汲水巡行以飲渴者。虜軍被傷及渰入湞河者千數，然而城中亦甚疲矣。南隅自陽字樓至月字樓應敵將士各許奏三官，西隅清暉亭至北隅虎頭崖亦均諾以官二。公傳令守陴之士：「今日勞勤，不可不撤夜，恐虜乘吾疲而以兵襲我。」公通宵不寐，巡行數過。公之自南城往極目亭督兵捍禦也，太守私語人曰：「亭直倅治，政爲一老幼地耳。」守蓋設游辭以自文，識者鄙之，公聞之，畧不介意。

二十八日甲戌，虜增高對樓丈餘，別置一寨於桐柏廟，復急攻景陵門。

二十九日乙亥，虜軍連綴天橋、對樓，欲專攻城南，揚砲飛矢不止。公謂太守及僚屬曰：「虜前日攻城失勢，今併力來攻一面。前日對樓已附城，吾方縱火，遂爲其貯水所救。此攻城巨器，非一日所能成，今當必焚之，毋使遺蘖。」衆願効謀，未得其説。公乃命支使、監税任廷佐、孟穼、張斌等選死士數百人，專俟對樓、天橋至，分二百人以巨纜、飛鉤挽住，縋以大石，使不可退，然後縱火。衆皆曰：「善。」又言：「賊計每於樓下貯水滅火，當以火牛先之，使彼泄水，水必不多，繼以茶苞烈火，益以蘆箔竹器，則火勢必熾，不惟樓不復返，登樓之人皆煨燼矣。」又曰：「不備不虞，不可以師。今防城之具雖已略備，然此賊耐戰，非吾所敵。萬一乘城，計將安出？」張斌曰：「當爲巷戰之備。」公曰：「若至此，則事去矣。」然亦姑用其説，令城内傍城濬壕，深闊以丈，築女牆於壕上，高八尺。巷道各立地分，使持戟之士分爲部伍，無或踰越。仍令諸隅儲水防火。過夜半，虜軍推對樓、天橋至景陵門，城中出叉戟手拒之。

三十日丙子黎明，虜擁兵至南門，先以弓弩、大砲繼發不絶，又以火箭焚敵樓，司水士人張炎等集民夫運水救撲，久之方息。晡時，公與太守、統轄及官屬皆在黑樓，太守、統轄曰：「賊兵已退，除夜吾儕略歸如何？」公曰：「今何有除夜？」言未既，聞城外有擊小鉦者，視之，則虜兵已聚對樓、天橋之前後，頃刻逼城下，城上之兵有擐甲不及者。蓋虜欲出吾不意，不知公備之久矣。及命急施大小砲，落其水濡布箔及護樓皮具，穿其樓蓋，擊死三十餘人，以所具木格等施女牆頭城面。虜樓並城，天橋雖下，已爲木格所閡，高峻絶險，然其橋有溫道，猶可登陟。虜偏裨提大刀迫逐士卒千餘附城，皆登橋，女真精鋭聯續附趨者又萬餘，城外呼曰：「今日正軍打城，必欲城破！」以其登橋者，重鎧銅面，以紅抹額，鞏凶婪婪，見如鬼神，持雙刀、長鎗、弓矢。相去無二丈地面，皆設蒺藜、地網，城中已備巷戰。其前一夫呼曰：「今日不濟矣！」然内外交擊，鼓鼙相撼，聲震天地。公與支使、監税親率守禦將佐士卒以死禦之，令勇敢董仙、徐忠飛鐵狸虎爪鉤，挽天橋，縋以大石，繫其橋傍麻縴於狗脚木，擲火牛撐之。火勢方起，虜果決水以救，繼起茶苞、竹器，民爭負門牖几案以助火，火炎掀天，虜不能退。徐忠等以鎗叉矛戟衝，橋上人皆墜入，矢石俱發，火益熾，其色如茜，死者不知其數，延及其傍。蓋虜用一切之令，士卒死而不敢去，賊氛大沮，然吾勢甚危。公之不從衆而歸，如有相之者。明日，遣人收其遺燼，車心鐵徑三尺，輪逾丈，凡得二十餘，鐵葉百餘，又得水濡布簾皮具一十八疋。遂犒正南吕字樓至雲字樓受敵官軍、義勇、茶商市兵，許奏三官，東西北三隅均諸一官。是日之西，有兩日相擊，移時東南日上，西北日殁，人知其爲休徵也。

三年正月丁丑朔，虜軍復挽燼餘鵝車、洞子至興國寺整治，且重脩對樓。

二日戊寅，向晚，虜軍拽隊望西北行，又移中軍帳寨於金泉寺，城之東南西立七寨。公令張斌修城上女牆頭，委支使造麻翎弩箭二萬。

三日己卯，虜軍於景陵門崗上築牆掘壕屯駐，號「硬寨」，以示久圍意，又有自雲夢路整隊持白旂回金泉寺者。公與太守及僚屬議曰：「虜計浸窮，必持久以困我，漢援已絶，城中單弱，使果出此，將如虜何？盍再祈哀於宣司以求援。」是夜，令秦福等齎蠟往。又遣勇鋭士卒下城，焚虜填壕竹木。

四日庚辰，虜兵不出。

五日辛巳，遣軍士吏焚之。牛成部下卒周達，免胄袒裼持戟逞虜，潛入南寨，奪其魁牌以還。陞其官職而任之。

六日壬午旦，虜東南寨發嚴，至晚亦如之，而不陣。公曰：「是内虚，且虞我師掩襲，佯示整以疑我耳。」公尋遣勇鋭鄭勝察知其宿馬之地，夜欲屠之。支使及弓會蔡執禮、王師奭、嚴端等力贊其策，統轄李誼以鄭勝爲妄，持之不行。公力辨之，李奮臂大聲，叱咤暴戾，衆不能堪。公曰：「大事不容徇私，其爭何害？若合事宜，便當從之。」衆以李黨比相凌。公曰：「廉、藺以國事爲重，此當若無所聞。但今日斫營，應必往矣！」夜半，遣叉戟、强弩手二百，直逼南寨，遂絶寨歷南山之陰，勁弩俱發，羣馬嘶鳴，且聞虜叫號之聲。會西北寨來救，故官兵亟回。是夜，四方山義勇商祈及其徒，偕宣司所遣宋興等持蠟彈至，言已檄都統董世雄以一萬人來解圍，十二月三十日到黄坡縣，次第前進，邦人大悦。

七日癸未，虜軍隔壕呼曰：「南家子太毒害，夜殺我馬七百餘匹。」自是，徙馬於山坡。酉時，虜騎千餘自北道來入金泉寺。公夜遣將官傅熙將兵下城，投狼毒、硫黄於河潭，以毒虜馬。又遣土軍李元、趙旺速迎董世雄。

八日甲申，虜軍不動。

九日乙酉，再遣土軍黄德、朱選往速董軍。

十日丙戌至。

十二日戊子，虜軍嘗自西北馳負竹梢、木材，積於金泉寺，莫測其用。公遣田榮領石匠由車蓋亭鑿城下巖石，令峻不可登。

十三日己丑將暮，虜遣人來請打話，城中差提轄仇某對之。虜使云：「兩國已遣使講和，南朝欲多償歲幣，只文字即去。」公恐守者聞此必怠，遂諭將佐曰：「決無此理！是必其出野擄掠，諸寨空虚，姑爲甘言款我耳。當嚴守備，徐議奮擊。」夜又遣土軍速董軍。

十四日庚寅，虜人再請打話，公叱之，乃退。是晚，虜軍自北嶺步騎入西寨。

十五日辛卯夜分，傳兵王青至自行在所，李青自宣司持蠟彈，報教授以十二日往告急廟堂。

十六日壬辰至十八日甲午，虜不動。

十九日乙未，虜軍移洞子、對樓至夢澤門山岡，别以四五百騎向西北行。景陵門有射入文字，視之乃虜間諜，云：「城中知府與官吏欲拜降，只緣通判王某執迷不肯，有悮一城生靈枉遭屠戮。今告爾官員、士民、軍兵，有能擒縛王某赴軍前請降，即當奏最上賞格，世襲千户、官廣威、正六品職事，同力人世襲謀克、官武節、正七品職事，有官資人先以其元官對换外，於已對换上陞擢，仍各賚有差。」或乞就知本府者聽，公笑曰：「虜直兒戲耳。」遂燬之。同日，雲夢士人池逸至城下，呼王四排軍出議事。公曰：「此逆賊也。」命射之，虜挾而走。

二十日丙申，虜軍移洞子往夢澤門，填壕築路，且攢戰入城。公遣準備將趙晟領兵下城，潛伏攻劫，奪其普光寺所積薪木。是夜，朱選回自董師所，云：「太尉張某擊黄陂獄，言不來解圍。某言德安受圍日久，宣撫請太尉救援，城中官民如望赦。太尉怒某言，欲斬，今早得釋歸。」公加賞慰之。

二十一日丁酉，遣人下夢澤門斬鑿暗壕，及遣訓練官趙章領兵匠斷虜往來雙橋，虜騎二百餘來救，爲我軍射退。夜，遣韓立往宣司趣董世雄。熊立回自臨安，得教授書曰：「之經十二月二十二日發江陵，二十九日至行在，累告廟堂。得旨，差池州統制孟思齊疾速解圍。」

二十二日戊戌，虜用皮洞五六十，築淨明院東石觜。公命移大小砲連發，破其皮洞，擊死數人，役少息。夜，再遣張全等詣樞密院及催董軍。

二十三日己亥，虜軍移皮洞百餘於淨明院東，再築石觜。公令任廷佐率兵於夢澤門，以弓弩、大砲并發，虜死者又數人，壞其洞子十餘，火箭焚其填築竹木，會風起火熾，工役悉罷，移卻半里。是日，有自齊安門射書一紙，公取視之，乃應城縣舉子傅應麟同池逸説降，且言：「應麟已降，就知本縣，池逸亦爲尉矣。」公命守者亟發强弩射之，乃去。

二十四日庚子昧旦，遣軍士百餘下城，斫東門寨，殺其首領以下數人，奪胄九、馬轡一、髆甲一、策四束。虜軍遂移寨太山廟下，陳列如千石港。虜又射入大書招降僞榜，公藏之。是夜，再遣土軍陳旺往宣司及檄速董軍。

二十五日辛丑，虜於景陵門山麓立砲，城上以弓弩射退，即遍往鄉井擄掠。

二十六日壬寅，虜軍閉營。

二十七日癸卯，有一人至城下呼曰：「楊萬户傳語，欲請知府、通判打話。」衆議以任廷佐對之，公代其辭。俄而萬户出，從者五十餘騎，不執弓矢。萬户以手招城上，傳語：「知府、通判守城不易。」公答云：「萬户遠來不易。」萬户云：「講和休。」公曰：「何是講和？」萬户云：「都是一家人，何得如此？」公復之曰：「南北本是一家，只緣北方不察邊人之苦，遽起邊釁，害我生靈，殘我州郡。今頓兵堅城之下，老師費財，動輒喪敗。攻城爲兵家下策，我以逸待勞，援兵在境，汝深入重地，罷馬破車，南方疾疫將興，水潦將降，朝廷又遣大軍數萬且來，汝所知也。我乘汝之疲，而夾攻之，將隻輪不返矣！萬户曉暢軍事者，幸明告管軍，早自爲計。」萬户言：「漢上軍州已一半拜降，西川五十餘州亦歸吾朝，德安更圍幾時，人疲糧盡，當如之何？」公曰：「邊上諸郡，各奮忠力，劍閣棧道，豈易窺竊，縱一城一邑力不自支，旋當收復，又豈汝軍得之而能守邪？」萬户語塞，復舉手云：「知府、通判保重。」遂馳而回，後一騎顧任云：「如以萬金遺我，即當回軍。」公令任答云：「汝爲人臣，不能忠於君事，乃求賂邪？」引弓射之，萬户擒之而去。公謂太守、僚屬曰：「此給我者也。然虜計窮矣，吾當嚴守備。」更徙砲於夢澤門，以防東道。

二十八日甲辰夜，令任廷佐發兵百餘，往月字樓下城，斫東寨，與虜軍對射，死其馬八十餘匹，斬首三十級，其衆驚潰，多入南寨。將曉，遣土軍龔冕等往樞密院、宣司促援。

二十九日乙巳，點兵下城，補景陵門外羊馬牆，及毁虜軍所填路。是日，虜軍掘景陵門、夢澤門外叢塚，以其板覆對樓、皮洞。公呼張斌問曰：「虜今復以對樓來，舍前日之策，它何以禦之？」張斌曰：「當作天磑以待之。」公曰：「何謂天磑？」斌曰：「此兵法所有，如磑而大耳，置諸城上，其勢使高於樓，一發則樓必碎。」公亟命作之。城中百姓見虜發塚，莫不欷歔涕泣，公曰：「是愈固吾民之志也。」

三十日丙午，城外射入柳東民書一紙，蓋江陵舉子柳驩也。公舊識之，更名東民，預鄉薦，嘗從師問，父死不爲哀，及喪師乃心喪三年，人知其不有君父。説降之詞異於他諜，能計城中兵食之數、荆襄要害之處，謂：「上流可據以扼荆蜀之吭，齊安可踐以擣武昌之虚，淮之東西既已不守，蜀之州郡又已割據，蕞爾德安，不知諸公持此將安歸？」公識柳驩，手誘令至城下，虜疑之不遣，欲以金萬户來。公命嚴叉戟、强弩，下城以待之，不至。土軍李興自黄陂還，言董世雄徙屯紫潭，去黄陂又遠一舍。公怒曰：「世雄決無來志。食君厚禄，國家有難，環視不赴，何等人也！宣司不亟誅之，何以使人？」即以白之。

二月丁未朔，虜軍於景陵門外山坡再立二大砲擊城。公夜發項興等往行在及宣司乞援，具言董師逗留。五更，土軍李珪以宣司劄歸。

二日戊申，公以援兵不至，遣親効姜勇、茶商市兵等三百人下城，分路攻南寨及河西守把之軍，燒其寨屋，殺死二十餘人，奪其旂鎗衣甲弓弩箭鏊以歸。熊立自紫潭回，言董無復來意。

三日己酉二鼓，遣勇鋭兵二百餘於景陵門外攻南寨，殺死數人，得劉千户并首領級二、馬一及氊甲旂鎗弓弩，又取大砲數百。又遣總首江海等攻殺其沿河守把軍數人、馬四匹，奪其弓弩、兜鍪、箭牌、披氊各一，夜半回城。韓立等自宣司歸。

四日庚戌，以夜所得首級標城上。公往夢澤門西敵樓，命張斌增築城身及施立撞竿。虜軍移二砲於南門碧玉峯山上飛擊。日中，北隅守禦吏李時報，虜用砲傷一人入水門下，即遣人收瘞之。未時，虜軍數隊屯夢澤門南岡上，分遣數百人自景陵門南河，挈砲石、洞子於山。申時，教場内并水西寺前守砲軍整陣，行應城路。城上點兵三百餘人，二更下城，殺虜數人，馬數匹，得旂二、鎗六、牌二十有八、氊四、鞍一、山狗皮十。夜半，再差土軍王定等持蠟彈往宣司等處。

五日辛亥，公在夢澤門，彈壓守陴軍，與虜對射，發砲對擊。賊乃引步騎由南岡趲移洞子至砲前，分兵築路。夜焚淨明寺及遠采林木，乘火以造攻具。四更，差往行在及董軍投書人皆有回報，池州諸處援兵次第入境。

六日壬子，虜軍於夢澤門搬列洞子、大砲，飛擊不已。城上亦以弓弩、大砲對之。虜騎五百餘自孝昌門外相視城壕，公遣任廷佐發强弩數十射之。再差龔立趣董師。午夜，西隅都巡李某報，四方山總首商祈遣教頭宋某下解圍狀。

七日癸丑，公同太守於安遠堂請禱，又往夢澤門選軍二百下景陵門。虜軍見之，亟遣一隊前進，以弓攢射。下城弩手對之，虜中死五人、馬一，餘悉引去夢澤門。縱擊大砲，益運土石填寨經路，終夜擊柝。夜遣魯達再往宣司趣援。

八日甲寅，填路浸逼城。公曰：「此不可使成。」遂與衆議，差茶商等軍數百，自景陵、夢澤、孝昌門外兩路出，與虜死戰，殺死虜軍三百餘、馬數十，至未時乃退，中亦多傷中者。夜再遣呰有、黄威往宣司催援，且體訪援軍來期。

九日乙卯，四方山總首商祈遣孝元等五人，同土軍趙慶以認旂一來報危倞之軍已到。尋差將官高悦提兵六百餘，自雲夢、仵落沿路與虜戰鬬，抵孝昌門，城中開門納之。館於防城庫及西口，大犒之。午時，虜斬不降者三十餘級，以砲飛入城，旋收瘞之。委支使、監税部兵守孝昌門，防虜軍寨路。

十日丙辰，虜又於景陵門殺不降者數十人，標屍脅衆。以步騎數隊東行，且於淨明院東山嵴聯洞填築。城中又刷軍百餘下城相拒。夜，遣趙慶同商祈所遣至四方山，促危倞。集兵匠於防城庫，造獸面、木牌，爲出城戰備。

十一日丁巳，虜軍擁衆填壕，益揮砲以擊城。夜，遣親効鄭勝入虜寨視其動息，及壕塹。

十二日戊午，虜人知公坐卧黑樓，别寘大砲專意攻樓，樓勢將壓。亟令補治，强弩數十併射，稍卻。

十三日己未，危倧遣馬俊偕趙慶來，宣司遣都統監常師善亦領兵五十有二至城下，言所部五百餘，與虜轉戰所損，僅得其餘，開孝昌門入之。聞虜於太山廟穴地道，高廣丈有半，將由景福寺出。公集僚屬議，張斌曰：「兵法當設甕聽，以無目人司之，知其遠近。」公即括城中無目人黄七等七人，藏巨甕於城下，令日夜坐甕以聽。虜南寨又斬數十人，以砲飛其首入城。

十四日庚申，愈擊砲不輟，且治對樓。申時，虜縱所獲常師善殘兵一及弓手黄威回，公問其故，威出左手示公曰：「指已斷其四，蓋以計紿虜，乞爲内應，因斷指以示信。虜令於黑樓舉火，即以北寨火應，連夕如之，則以東南寨火應，又次夜，則諸寨悉應。如是者三，遂引兵於壽山門以候内應。」公令是夜黑樓舉火，北寨果應。常師善潰卒彭德回。

十五日辛酉，虜叱立皮洞，填塞坡頭，分岐入城，擁衆運土，不顧矢石。又以對樓及望樓四，將取道衝城上。城上以火矢焚所積竹木，煙燄稍熾，其衆小卻。城中以景福寺屯兵及委僧徒伺察地道，公飛書明諭：「已知所穴地道遠近，現以兵相待。」虜得書乃已。及圍解，城外穴土如龜灼，皆遇石而止，唯景福寺一道可穴。公以黄威謀，黑樓則舉火，虜東南寨復應。

十六日壬戌，虜引兵聚東南隅，極力於夢澤門填築山麓，大呼曰：「我用河南捲埽軍築土山，必與城齊。」衆憂之，公令張斌亟培對山城面，增高二丈，厚加城之半，外立木，以防新築，使山猝未能齊。每夜發勇鋭士出城撓之，其築疊有法，頗難隳壞，惟以藥燒其十之二三。是夜，黑樓又舉火，虜之諸寨應者百餘。公曰：「黄威之言信矣，當亟爲備。」

十七日癸亥，夢澤門以砲擊死填土山者十餘人。以常師善、董世雄所部人益景福寺，屯移施風小砲於壽山門。迨夜，公同任廷佐、支使、監税等將弓弩、叉手五百，往壽山門詗察虜軍，果有二百餘騎屯門外，别隊隱隱數千人在太山廟繼之。公令黄威密舉號，虜軍果銜枚以進，城上弓弩砲石俱發，虜軍奔潰，死者甚衆，餘皆遁。重賞黄威而奏之。昧爽，南門外虜軍驚亂，自毁皮洞，刀戈互擊，至晚始定。

十八日甲子，商祈遣義勇蔡仲報，池州孟將軍兵已至四方山，欲會危倞、商祈、董世雄合兵解圍，又報荆南吴宣撫别項人馬亦將到。是日，虜徙屯東寨，晝夜築山疊徑。

十九日乙丑，熊立、孟將軍价至，□董世雄逗留狀。夜，虜東、北、西三十餘里縱火。公巡行城上，戒飭諸隅守禦。遣龍昕等報孟將軍，令商祈爲諸軍鄉導。

二十日丙寅，公命支使、監税勸諭上户輸錢犒軍。城外又以砲飛數十首，且大呼曰：「此不降者！」城上引弓射之。

二十一日丁卯，虜令數百人疊山益高，且飛書來言：「軍前遣到萬户打話。」公亟坐視之，令城上傳言：「如果萬户，便請前。」虜逡巡不進，公叱射之。未時，虜數百人亟入南寨，將二千餘兵東行甚速，城中意其枝梧援兵，遂點兵擐甲，下孝昌門伺之。移時，虜軍回。至夜，土軍曾達歸自宣司，過四方山，見危將軍與虜在槐里戰，未決勝負。始知其東出蓋往援也。

二十二日戊辰，虜軍千餘人自東北來，千金坊、太山廟分兩隊，每隊五百餘人，亦尾東師至，紅襖甲裙，執宣司旂幟，自稱援兵，虜軍亦稍與戰。城上欣快，以爲危倞兵至，太守命巡檢孟某開孝昌門納之。公曰：「是未可知也。若果援兵，虜則盡力攻拒，特摧枯拉朽耳，安得揮戈揚盾左旋右抽而已？且西北諸屯又不動，一旅孤軍能白晝衝突强弩以抵城下，萬萬無是理。是必昨日危倞戰敗，虜剥其衣甲，假其旂幟，將以悮入吾軍。」遂取危、孟認旂麾之，敵不知應。公曰：「是果僞也。」叱强弩疾射之，虜急走，死傷百餘人。城中皆以公爲神。中夜，得商祈報，危與虜戰，折五百人，孟將軍救之得免。統轄李誼每齮齕公，至是亦服公之善料也。

二十三日己巳，虜以十八隊過東南寨填山，飛砲不止。夜選二百人下城，攻東南寨，焚其皮洞數十，殺賊亦數十，至五更還。

二十四日庚午，公命支使、監税燃網燈於景福寺，防虜穴地。又令支使造洞子二十餘，置羊馬牆内，藏守禦兵，以拒虜之填壕塹者。城中無皮，唯以厚板覆其蓋，砲不能害。

二十五日辛未四更，虜擁二百餘人斫夢澤門牆一丈餘，防守格殺數人，斬首二百餘，衆悉奔潰。

二十六日壬申，公令高悦、常師善出城巡視羊馬牆，虜騎逼之，公發高悦等兵及茶商市兵千餘附城與戰，弓弩短兵遞進，以鐵貍掀其洞子百餘。其西北諸寨悉出，公恐衆寡不敵，亟鳴金止之。

二十七日癸酉，以語任廷佐等曰：「虜軍等築山將成，對樓、天橋雄壯，過於前日，知吾援兵至，必盡力急攻。援不可恃，況道梗未能進，惟直乘罅攻之，苟攻具既壞，安得挾弓矢以下我城也？可更於諸隅閲兵，計其可用者若干人，自此遇夜遣發斫營。」多皆踴躍請行。至暮，選兵約三千餘，即遣五百人，分五隊攻諸寨，撓其前後，出其左右，虜驚懼莫支，殺傷數百，奪其衣甲鎗旂無算，士氣大振。

二十八日甲戌，公令城上立鐵鉤、秤竿，以權低昂，將抉其皮洞，難以上城。虜是日休息。公語任廷佐等曰：「夜來諸寨受攻，今必皆自爲備。兵家謂，無所不備，則無所不寡，以其勢分則力分也。夜當以五百人專攻南寨，出其不意，亟焚對樓、天橋、砲坐。」且戒以毋輕敵。是夜，斫南寨，燒皮洞二百餘，屠馬數十，斬首百餘級，奪其衣甲旂鎗弓弩刀劍等以還，唯護砲人衆，不與戰，天橋、對樓亦遠，不能及。虜他寨各自爲守，不復應援。連日下城者皆重犒之。

二十九日乙亥，復整兵以備出城，統轄李誼力爭以爲不可，恐虜有備。公曰：「亦出其所不意。彼決不謂我連夜出兵也。」二鼓，遣兵數百撓東北兩寨，唯刀戟手深入，虜衆驚潰，斬首二百餘級，傷衆無數，皮洞盡廢，虜不敢拒。五鼓，南寨忽驚譟奔逸，公聞之，謂太守曰：「彼有虞心，師必不久。」

三月丙子朔，虜於夢澤門布運土木，填徑疊土山甚亟，城中以弩砲撓之皆不顧。午時，訓練官許旺自請鼓勇士出，我攻殺填壕之人，公從之。遂自極目亭下，沿羊馬牆至夢澤門，顧叉戟手奮擊而前，虜軍驚走，下壕者不得登岸，斫數十人，掀其洞子三百餘，亟回。許旺命陞準備將，餘賞有差。西隅守禦兵亦下城，奪牛八，逐之渡河。二更，發勇鋭五百劫西南諸寨，因風縱火，焚土山洞子，殺死虜軍甚衆，奪弓十、箭束二十、皮洞二十。四更，虜東、南、西三寨囂，以刃傷殘，五更方止。

二日丁丑，太守及公於安遠堂禱禬。巳時，發高悦等三十人下城，撮夢澤門洞子，殺死數人，淹入城壕者二十餘。城外發砲不止，城中亦對擊，屢中其填壕之人。夜半，發勇鋭數百分攻四寨，虜驚竄無敢敵，諸寨但揚聲虛喝而已。公先約所遣兵，聞金聲則合攻南寨，虜以爲收兵不虞，未幾，南寨被攻，奔潰四出，雖疾呼求援，他寨以爲驚亂，皆不出，遂大喪人馬。焚其天橋、對樓二、大砲二，奪衣甲旂鎗弓弩刀劍。四鼓回城，士氣百倍。

三日戊寅，公與僚屬議曰：「虜雖强盛，比夜攻撓，大覺失勢，天橋、對樓又皆煨燼，況土山已過石壕，距城不遠，萬一輟東南之攻，冒死求決於西，旦暮山成，勢恐難禦。必絕此而後可。」於是集任廷佐、高悅等選大軍五百，高悅所將四百、茶商市兵一百分將之。三更，命支使、監税、巡檢開孝昌門出，支使等又別領人馬守城門。所遣諸軍分爲十隊，密約以號，直擣賊壘，縱火焚燬南門洞子數百，又焚砲二、木屋二，凡對樓脚、坐拒馬、遮箭、隔火牛、柴束等焚爇殆盡。又別遣張斌部百餘人，持鍬钁隳其土山。虜軍奔北不支，城東皮洞亦皆狼藉。官軍交錯旁午，如入無人之境，殆若神助運還，畧無傷失。諸軍各許奏三官，犒數千緡。

四日己卯，虜以連日喪敗，攻城益堅，雖築山填壕終難近城，兩月所造攻具悉遭焚燬，不復振，急徙燼餘洞子、天橋、對樓、木屋竝寨柵縱火，光燄燭天，成列過河西遁。公命開孝昌門、齊安門，遣兵出城，入其營搜索藏匿，乘勢逐之。虜懼追躡，皆離阿望山向北大奔。公遣任廷佐、董世雄、常師善、夏勝提兵凡三千餘人追之，且戒以「兵家不遏歸師，不追窮寇」。諸將逐至一舍而返。虜軍未離郡境，鄉寨民兵邀而殺之，凡三千人。其乘馬披甲以北者，多掠驢馬生口，總首孫全奪百餘人、駱駝一，生擒虜校劉七和尚。明日，尚有數隊約千餘，自應城、雲夢，由城北急遁。公亦遣人追之，令趙定、夏勝等出略，詗伺虜自棗陽、清水步、神馬坡以去，即具捷以聞。公同支使、將佐出城視虜寨，其附城爲營凡七，各以壕塹鹿角自固，又爲重壕複壁，七寨連綿亘二十里，北自棗陽，南至應城路，又貫珠立爲寨，凡有二十四。

其後應城被虜士民來者頗能言其詳，謂得其説於吴千户，德安有萬户十三，統二十四寨，附城爲七星，北路爲八卦，南路爲九曜，皆據山岡及平園，相去一里。所以舍他郡急攻德安者，以郡東鄰齊安，東北爲浮光、信陽，北距隨、棗，西北爲襄、郢，南至沔、鄂，西南爲荆、復、江陵，乃荆湖腹心之地，得之以爲根株，則襄、鄂無相倚之勢，糧道可斷，應援不通，襄州可坐而斃，由是扼荆、蜀之吭，據上流之重，則他郡皆可圖也。虜用志迂遠，故算事精密。自十一月十七日圍合，三月四日退師，凡百有八日。其始至，悉師附城者三，直謂下城如探囊。既而知備禦整暇，守城有人，時出奇以應敵，於是始退而爲鵝車、洞子、天橋、對樓、草塔、土山，穴地、填壕，百計具備，又專以大砲飛擊，凡十有五晝夜，必志城破。

公以儒者奮然以身任之，算無遺策，動無過舉，當時僚屬如支使、監税，將官如任廷佐、傅熙等効謀宣力爲都，壕寨張斌老於軍事，計度工役，繕造器具，極其精致，公尤所任。太守李公遇事倉猝，震慴已甚，故凡軍政一委之於公，公亦藉此得以盡其心力，至於匿矢書、析横議，致曲調護，公自行其議，未嘗以語人，李亦深以此德公也。向使矜己自持，則自分畛域，何以爲守備？　故詳載料敵應變之略，非曰掠美，蓋幸公得專其事也。獨守之姪李誼，剛愎狠戾，每事凌駕阻撓，公唯以無競待之，故誼亦不能逞也。公待僚屬、將佐，推此腹心，遇事輒詢於衆，擇其善者從之，未嘗恃一己之見。其馭軍臨民，一以恩意，圍中未嘗用一重典，人自以不犯，指公爲父母，故出令舉事，人皆效死，所向有濟。民間乏食，公出粟以賑之，又開諭勸分，故受圍日久，百姓雖至撤屋而爨，掘草而食，忍死共守，無庚癸之呼。及圍解，家繪公像而祠之，曰：「微王公，吾其魚肉於異類矣！」方虜之始至也，公連夕不寐，深憂熟慮，三日而鬚髮盡白。常處城南黑樓，晝則衷甲以行，夜則組練假寐，數日一歸，問安將士。吏民見公勞苦癯瘁，莫不感激奮發以從司馬，遂能藉社稷之靈，以單弱之卒，抗麋至之虜。自虜犯棗陽及圍閉，其申請於朝廷，哀求於宣司，不知其幾，唯宣撫薛公遣牛成、任廷佐、李誼將士兵一千二百十人於未受圍之前，其後受圍三月，攝宣撫事項公安世始遣高悅、常師善分將新募兵凡六百五十人至，如董世雄提兵萬餘，竟怯懦不進，孟思齊、危倞之□，欲進不能。終賴其用者，所招棗陽潰卒二千一百人也。虜退三日，孟思齊與宣司所差將官周勝、張浩、馬雄，統領危倞、王勝，統制馬政皆相繼而至。同日，董世雄遣候騎至，又三日，始提兵來。十日，而宣司良家子正將彭國權亦引兵至。諸援兵如危倞、孟思齊、周勝、張浩、馬雄、王勝，皆嘗在府東數十里四方山等處與賊接戰，董世雄則擁重兵觀成敗於二百里外，後乃以數千緡欲求保明，覬解圍之賞。公曰：「使吾得制其命，必贈以一劍，尚敢爲此欺君之事乎？」是時，淮西之歷陽、淮東之山陽同受圍，皆大軍素所屯駐，德安則無之。歷陽之圍，越月而解，淮陰、襄陽亦不及三月，而德安則過之，其難其易，不較而知。

論德安之守，士民之力居多，而行賞則守貳獨厚，軍將次，於三郡士民不預。未幾，公領郡事，屢以士民勞績復於上，時議以戰多爲將士力，而重於頒列之外。恩誥下，公遜避不敢當，辭不獲命而拜。聖訓有曰：「王允初俊傑而識時務，儒生而知戎情，古嘗聞之，今頗得此爾。學爲有用，才無弗宜，躬率貔貅，克審萬全之計；氣吞犬豕，坐收三捷之功。」又曰：「安陸有信、隨之爲蔽，不虞虜之涉吾地。事出一旦，爾能撫烏合之衆爲梟鋭之師，運奇而無窮，持久而不懈，哲夫成城，詎不信邪？」又曰：「爾爲通守，慷慨倡義，第功來上，實居其最。」又曰：「安陸之圍解，既旌爾之勞，銅虎分符，就以畀之。有三利焉：夷虜慴爾威名，一也；方略既効，人樂爲用，二也；虛實强弱之數，身親歷之，緝理，不講而知，三也。在昔中興之初，陳規以守此城著名，而爾今將繼之。」人以命詞爲實録。故舊有贊公紀録當時事者，公曰：「人臣死難，乃命之常，況得不死，何録之有？」今公傾逝已十年，不肖孤懼其日月寖遠，雖事在太史，而傳聞不著。因摭公手澤自記及侍傍所親覩，編次而藏於家。非敢夸炫以爽先志，姑以爲後子孫教忠典則云。

附録

讀《守城録》感作

宣城梅敬實

一讀《守城録》，永懷忠敏公。丹心懸皎日，青史見流風。展此萬全策，偉哉三捷功。英雄嗟已矣，遺恨百年中。

挽忠敏王公忠孝歌

明郡守湯遜

黄鬚奚兒欲吞蜀，德安恃險爲城郭。千峯一夕照遠天，羣黎已分机上肉。府中太守山西種，神手龍韜心震悚。砥柱賴有一監州，怒髮沖冠奮仁勇。窮壘受圍百八日，天橋鵝車計爭出。斬將搴旂嚴守備，顧彼勍敵如蟣蝨。援兵遠遁若不聞，身臨矢石爲解紛。坐滅氊裘十數萬，義氣直可干青雲。倚門望切無他語，勉以王事當致死。令名千古光陳規，得爲忠臣爲孝子。捷書飛報九重驚，從來未識顔真卿。拊髀興思下褒璽，三邊恃以爲長城。此公一去寧復得，世事泄泄無紀極。俯仰古今空自傷，賣主偷生蓋千百。

王運使挽詞《水心文集》七。以下遜學齋補録。　葉適

種虜昔逾塞，三邊各受師。共傳君善守，能護國西陲。卿秩恩雖早，郎班詔已遲。須將未盡賞，酬折在豐碑。

上本州請謚書 周天錫《慎江文徵》四十。　王致遠

竊聞建德立功，所以昭臣職也；崇德報功，所以著君恩也。聖德以孝治天下，凡臣子爲祖父有所陳請，莫不紆軫而曲從。生則有爵秩之榮，死則有易名之典，澤莫厚焉，勸莫大焉。

不肖某先君通判允初，當開禧丙寅、丁卯間爲德安監郡。金人傾國入寇，皇甫斌喪師唐、鄧，虜氣益驕，沿邊諸郡望風奔潰。德安故以内地，素缺經理，軍籍單虚。先君募兵聚粮，先事預備。虜騎徑自隨、棗，長驅壓境，閉圍數重。奏報中朝，道梗不通；乞師宣閫，逗延不進。時祖母年近九十，誓與俱死。先君謂，人子移孝正此其時，奮不顧身，以七里之孤城，當十萬之犬豕。内外相持百有八日，虜爲鵝車、洞子，則火以爇之；虜爲對樓、流馬，則砲以碎之；設地網以焚跨城之橋，樹栅木以捍距堙之卒，結索網以蔽砲擊，伺聽甕以防隧道，慮無遺筭，舉難屈指。至於虜重賂購求，則鼓勇益力；虜臨城説降，則聲色

愈厲。忠義之氣，凛若神明矣！仰賴宗社弘庥，夷情沮喪，乘夜奔遁，孤城獲全。時有以張睢陽方先君者，議者謂睢陽死事，先君成事，有獨難者。且許遠位本張上，自誰□及下之。今郡守雖名聽命，然選騎思逃，每事沮抑，羈縻調護，尤難之難。蓋先君自兹心力俱頓，鬚髮盡白，熱血既傾，銜恤以没矣。鞠躬奮發，圖報君父，天不假年，甚可痛也。不肖猥以庸劣，司臬湖陰，當今日之要衝，實先君之舊履，馳驅往跡，心慘鼻酸。昔甄濟不污於禄山，其子逢能因方州大臣徹之天子，追爵其父。某爲部刺史，俾先事湮没，有靦面顔。伏覩國家自嘉定更化以來，淮蜀之閒，凡保疆守圉之人，一節可稱，咸叨褒恤，有如蘄春、滁陽者，城隳民擄，猶沐曠恩。德安遏狡虜衝突之鋒，全生靈垂盡之命，乃獨未獲易名。章前風後，聖明之朝有此缺典，某私心感愴。嘗敬録賞功訓詞及守城始末，乞與定諡，已准朝請，批送禮部，緣某屏跡田廬，無從控訴，閲時既久，寢格未伸。

竊惟近時褒諡必併録其子孫，朝家思杜倖門，是以併稽前請。某幼讀父書，素知義命，憑藉先澤，官至員郎，嘗玷使華，已逾素分。止有一子，亦塵仕籍。區區所懇，祇欲發陳潛德，何敢他覬？高高在上，實鑒此心。仰惟今日兩揆竝建，萬化聿新，推誠布公，奪邪崇正，前此鬱抑有待而伸。伏冀台慈檢點故牘，更賜保明公言於朝，准與定諡。寧獨一字褒榮，累世刻骨，抑昭宣忠□，勸厲頑懦，亦治朝之先務也。

跋

公生於紹興甲戌十二月一日，年二十二遊太學，越三年，中□宮選，登進士第，淳熙辛丑黄由榜也，與水雲陳公同年。淇老自總角時，受先君遺訓云，公幼讀書，朝請公每夜燂湯於爐，黎明，公靧面盥手，而習誦勤書如此，宜乎成名。筮仕時爲南康軍司户參軍，趨事謝丞相深甫，理宗皇后祖也。是時謝公爲江東倉行部，即令攝都昌邑事。百姓借留，謝公薦於朝，再調荆湖北路撫幹，剡上改秩授平江府吴江縣宰。丁朝請公艱，改授臨安府餘杭縣。任滿，調德安郡丞，適當敵難。

是時，母子相依，受圍勢篤。高祖參軍公之墓在西山甸子，垟壙内土湧，墳上磚裂，其紋如龜，其兆未卜。及聞捷報，始知患難之來，乃功名之會，祖宗之於子孫，陰祐而默相者，固先著於不言之表矣。公斯時也，想必曰報國報親，盡忠盡孝，與其棄城而逃，孰若堅城而守，與其輩母而歸，孰若奉母以待，設有不幸，爲子死孝，爲臣死忠，分内事也。公儒生也，而曉戎機，文人也，而明武備，幼學壯行，正於斯時見之，夫豈干禄者哉！繼焉將漕鄂渚，不幸太夫人即世，扶柩歸家，沿途祖奠者八十餘。迨撫祥琴，公亦薨逝，乃嘉定甲戌五月一日也。吁，惜哉！使公小留於世，吾知朝家柄用矣。

淇老曾大父祕校，於元父爲季父【二】，嘗寶此録爲家傳。丙子，北兵入境，實録猶在。戊寅，因芙蓉巖陳國史拒元兵，數爲騎卒囊括無遺，皆水浸泥封，供砲石具，文字化爲塵土，奈之何哉！丁酉，侍公之嫡孫漢老，得梓本於家藏，見而筆之，殊慰目。自開禧乙丑至於今，有九十三載，屈指三世矣。吁乎！

士非不如公之明經也，而不能全其忠孝者，何哉？官非不如公之守城也，而不能全其封疆者，又何哉？明經而全忠孝者，固有其人矣，守城而全封疆者，則有數人焉。使天命未改，國脈尚延，豈無如公之成功者？故公之身受國恩，固忠孝之驗，亦宗社之靈也。世代屢更，文獻寖遠，懼湮没無傳，遂書此以示子孫，使知公讀書爲起家，本不敢以示人。知我者，謂家氈舊物也，不知我者，則曰庭花遺曲矣。大德元年丁酉六月朔，從孫會稽縣教諭淇老謹誌。

郡丞從兄謂淇老曰：「太夫人孫氏生於樂成白塔，女兄弟三人。一日，相士目之曰：『幼女有貴相，異日必爲夫人。』後長歸□山林公，次歸蒲岐陳公，夫人歸朝請公，是爲忠敏公母。德安受圍日，夫人夢一婦人如大士貌，授以念珠一副，時以爲好佛之報。及圍解，一百有八日，乃符念珠之數。由是屢受封贈，爵至夫人。相士之言，大士之夢，兩不誣矣。」因筆記之。

【二】於元父爲季父　原脱「元」字，前序允初字元父，據補。

行營雜録

◉趙葵撰

程郁整理

點校説明

《行營雜録》，一卷，趙葵撰。趙葵（一一八六—一二六六），字南仲，號信庵，一號庸齋，衡山（今屬湖南）人，宋宗室、京湖制置使趙方季子。葵與父兄同爲南宋著名儒將，歷經孝、光、寧、理、度五朝，曾任淮東安撫制置使、湖南安撫使、福建安撫使、丞相兼樞密使等職，爲南宋偏安江南立汗馬功勞。咸淳二年卒，贈太傅，謚忠靖。《宋史》卷四一七有傳。

此書初見於明《千頃堂書目》。相傳爲趙葵於行營中所録，所記自北宋太祖至南宋孝宗時事，但少録軍政大事，而多記鬼怪瑣事。各條目多引自宋人筆記，《古今説海》本尚保留大部分引書出處。約三分之一的條目未見於現存宋人筆記，如《茅亭客話》《貽謀録》等書今皆闕，「元祐癸酉」條標明出自《道山清話》，而今存是書未收，這類條目尤爲珍貴。

本次整理，以《歷代小史》本爲底本，校以《説郛》及《古今説海》本。

太祖初受周幼主命北討，至陳橋爲三軍推戴。時太后以下眷屬悉在定力院設齋，有司来搜捕，主僧令登閣，而固其扃鑰。俄大搜索，僧紿云：「皆散走，不知所之矣。」甲士入寺，升梯且發鑰，見蛛網布滿其上，而塵埃凝積，若累年不曾開者，乃相告曰：「是安得有人。」遂皆去。有頃，太祖已踐祚矣。

太祖潛耀日，常與一道士游關河，無定姓名，自曰「混沌」，或又曰「真無」。每劇飲爛醉，且善歌，能引其喉于杳冥之間，作清微之聲，時或一二句隨天風飄下，惟太祖聞之，曰：「金猴虎頭四，真龍得真位。」至醒詰之，則曰：「醉夢豈足憑邪？」至膺圖受禪之日，乃庚申正月初四也。自御極不再見，下詔草澤徧訪之，或見于轘轅道中，或嵩、洛間。後十六載，乃開寶乙亥歲也，上巳祓禊，駕幸西沼，道士忽醉坐水次木陰下，笑揖上曰：「别來安善！」上大喜，亟遣中人密引至後掖，恐其遁，急回蹕。見之一如平時，抵掌浩飲。上曰：「久欲見汝決一事，我壽還得幾多在？」道士曰：「但今年十月二十日夜晴，則可延一紀，不爾，則當速措置。」上酷留之，俾居後苑，苑吏或見宿于木末鳥巢中，數日忽不見。上切切記其語，至所期之夕，上御太清閣以望氣，是夕果晴，星斗明燦。上心方喜，俄

校勘記

而陰霾四起，天地陡變，雪雹驟降，移仗下閣，急傳宮鑰開門召開封尹，即太宗也。延入內寢，酌酒對飲，宦官、宮妾悉屏出，但遥見燭影下太宗時或避席有不可勝之狀。飲訖漏三鼓，雪已數寸，上引柱斧戳雪，顧太宗曰：「好做！好做！」遂解帶就寢，鼻息如雷。是夕，太宗留宿禁内，將五鼓，周廬者寂無所聞，帝已崩矣。《湘山野録》。【一】

李後主歸朝後，每懷故國，且念嬪妾散落，鬱鬱不自聊。嘗作長短句：「簾外雨潺潺，春意將闌，羅衾不奈五更寒。夢裏不知身是客，一餉貪歡。獨自莫凭闌，無限關山，別時容易見時難。流水落花春去也，天上人間。」意思悽惋，不久下世。《金玉詩話》。

祥符中封禪事竣，宰執對于後殿。上曰：「治平無事，久欲與卿等一處閒玩，今日可矣。」遂引群公及内侍數人入一小殿，多有假山，甚高，山面有洞，上既入，乃復招群公從行。初覺甚暗，數十步則天宇豁然，千峰百嶂，雜花流水，盡天下之偉觀。少焉至一所，重樓複閣，金碧照耀，有一道士貌亦奇古，來揖上，執禮甚恭，上亦答之良厚【二】。邀上主席，上再三遜謝，然後坐，群臣再拜，居道士之次。所論皆玄妙之旨，而牢醴之屬又非人間所見也，鸞鶴舞庭除，笙簫振林木。至夕乃罷，道士送上出門，而別曰：「萬幾之暇，無惜與諸公頻見過也。」復由舊路以歸。臣下因以請于上，上曰：「此道家所謂蓬萊三山者也。」群臣自失者累日，後亦不復再往，不知何術以致之也。《投轄録》

慶曆三年，有李京者爲小官，吴鼎臣在侍從，二人相與通家。一日，薦其友人於鼎臣，

【一】湘山野録　底本、《説郛》本皆未注出處，據《古今説海》本補，下同。

【二】良厚　「厚」原作「久」，據《説郛》本、《古今説海》本及《投轄録》改。

求爲聞達於朝【三】。鼎臣即繳書具奏之，京坐貶官。未行，京妻謁鼎臣妻叙别，鼎臣妻慙不出。京妻立廳事，召鼎臣幹僕語之曰：「我來雖爲往還之久，欲求一别，亦爲乃公嘗有數帖與吾夫祝私事，恐尔家以爲疑。」索火焚之而去。

王嗣宗守邠土，邠舊有狐王廟，相傳能爲人禍福，歲時享祀祈禱，不敢少怠，至不敢道故。嗣宗至郡，集諸邑獵户，得百餘人，以甲兵圍廟，薰灌其穴，殺百餘狐。或云有大白狐從火中逸去，其妖遂息，後人復爲立廟，則寂無靈矣。嗣宗後帥長安，處士种放者，朝廷所尊禮，每帥守至，輒面數之。嗣宗不服，以言拒之。放責數嗣宗，聲色俱厲，嗣宗怒，以手批其頰。先是，真宗有勑書，令放有章奏即附驛，欲詣闕即乘驛。放遂乘驛訴於上前，上特於嵩山之陽置書院以處之。後嗣宗去郡，有人贈詩曰：「終南處士威風減，渭北妖狐窟穴空。」嗣宗大喜，歸告其子孫曰：「吾死更勿爲碑誌，但石刻此詩，置于墓旁，吾其榮矣。」

僞蜀廣政末，成都人唐季明因破一木，中有紫文隸書「太平」兩字，時以爲佳瑞。有識者云：「不應此時，須成都破後方見太平爾。」自王師平蜀，頻施曠蕩之恩，仍有「太平興國」之號。《茅亭客話》。

大中祥符六年，緜州彰明縣崇仙觀柏柱上，有木文如畫天尊狀，毛髮、眉目、衣服、履舃纖縷悉備。知州比部員外郎劉宗言遂繪事奏聞，奉旨令津置赴闕，送玉清昭應宫。今

【三】求爲聞達於朝　「於」原作「一」，據《説郛》本、《古今説海》本改。

川民皆圖畫供養之。《茅亭客話》。

成都漆工艾延祚，甲午歲爲賊所驅，於郡治令造漆器。五月六日，忽聞鼓鼙聲，及南門火起，乃天兵至郡也。延祚窘甚，緣上大樹，匿穠葉間，見天兵往來搜捕，殺戮狼籍。至夜，遂下樹，卧積屍中。及中宵，聞數十人傳呼聲，頗類將吏，且無燭炬，因竊視之，不見其形，但聞按籍點名，僵屍聞呼一一應之，惟不呼延祚。乃知聖朝伐叛討逆，悉奉行天誅也。《茅亭夜話》。

南唐胡則守江州，堅壁不下，曹翰攻之，危急。忽有旋風吹片紙墜城中，有詩曰：「由來秉節世無雙，獨守孤城死不降。何似知機早回首，免教流血滿長江。」後城陷，屠殺殆盡，謂之洗城。《江表志》。

人傳温公《西江月》詞，流播已久。今又得一首名《錦堂春》云：「紅日遲遲，虛廊轉影，槐陰迤邐西斜。彩筆工夫，難狀晚景烟霞。蝶尚不知春去，漫繞幽砌尋花。奈猛風過後，縱有殘紅，飛向誰家？始知青鬢無價，歎飄零官路，荏苒年華。今日笙歌叢裏，特地咨嗟，席上青衫濕透，算感舊，何止琵琶，怎不教人易老？多少離愁，散在天涯。」

劉貢父爲中書舍人，一日朝會，幙次與三衛相鄰。時諸帥兩人出軍伍，有一水晶茶盂，傳玩良久，一帥曰：「不知何物所成，瑩潔如此。」貢父隔幙謂之云：「諸公豈不識？此乃多年老冰耳【四】。」

【四】此乃多年老冰耳　「冰」原作「水」，據《説郛》本、《古今説海》本改。

慶曆中，郎官吕覺者勘公事回，因登對，自陳衣緋已久，乞改章服。上曰：「待別差遣與卿换，朕不欲因鞫獄與人恩澤，慮刻薄之徒望風希進，加入人罪耳。」《貽謀録》。

神考嘗問荆公：「卿曾看歐陽修《五代史》否？」對曰：「臣不曾仔細看，但見每篇首必曰嗚呼，是豈五代時事事可歎者乎？」【五】

昭陵上賓前一月，每夜太廟中有哭聲，不敢奏。一日，太宗神御前香案自壞。《道山清話》。

元祐癸酉九月一日夜，開寶寺塔表裏通明徹旦。禁中夜遣中使齎降御香，寺門已閉，既開，寺僧皆不知也。寺中望之無所見，去寺漸明【六】。後二日，宣仁上仙。《道山清話》。

國家開寶中所鑄錢文，曰「宋通元寶」，至寶元中，則「皇宋通寶」。近世錢文皆著年號，惟此二錢不然者，以年號有「寶」字，文不可重也。《歸田録》。

皇女爲公主，其夫必拜駙馬都尉，故謂之駙馬。宗室女封郡主者，謂其夫爲郡馬，縣主者爲縣馬，不知何義？《歸田録》。

神廟一日行後苑，見牧豭猪者，問何所用。牧者曰：「自太祖來常令畜之，自稚養以至大，則殺之，又養稚者。累朝不敢易，亦不知何用。」神廟沉思久之，詔付所司，禁中自今不得復畜。月餘，忽獲妖人，急欲血澆之，禁中卒不能致，方悟祖宗遠略。《冷齋夜話》。

【五】慶曆中……可歎者乎　原脱此兩條，據《説郛》、《古今説海》本補。

【六】去寺漸明　「去」原作「云」，據《説郛》本及《古今説海》本改。

司馬温公隧碑，賜名「清忠粹德」。紹聖初毁磨之際，大風走石，羣吏莫敢近，獨有一匠氏揮斤而擊，未盡碎，忽仆碑下而死。【七】

東坡仁宗朝登進士科，復應制科，擢居異等。英宗朝判鳳翔，欲以唐故事召入翰林【八】，宰相限以近例，且欲召試秘閣，上曰：「未知其能否故試之，如軾豈不能邪？」宰相猶難之，及試，又入優等，遂直史館。神宗朝以議新法不合，補外。李定之徒媒孽其詩文有訕上語，下詔獄，欲寘之死，上獨庇之，得出。方在獄時，宰相舉軾詩云：「『根到九泉無曲處，世間惟有蟄龍知』，此不臣也。」上曰：「詩人之詞，安可如此推求？」時相語塞。上一日與近臣論人才，因曰：「軾方古人孰比？」近臣曰：「頗似李白。」上曰：「不然。白有軾之才，無軾之學。」累有意復用，而言者力沮之。一日，忽出手札曰：「蘇軾黜居思咎，閲歲兹深，人材實難，不忍終棄【九】。」因量移臨汝。哲宗朝起知登州，召爲南宫舍人，不數月遷西掖，遂登翰苑。紹聖後，熙、豐諸臣當國，元祐諸臣例遷謫。崇、觀間，京、卞用事，拘以黨籍，禁其文辭墨迹而毁之。政和間，忽弛其禁，求軾墨迹甚鋭，人莫知其由。或傳徽宗親臨寶籙宫醮筵，其主醮道流拜章伏地，久之方起。上詰其故，答曰：「適至上帝所，值奎宿奏事，良久方畢，始能達其章也。」上歎訝久之，問曰：「奎宿何神爲之？所奏何事？」對曰：「所奏事不可知，爲此宿者即本朝蘇軾也。」上大驚，不惟弛其禁，且欲玩其詞翰【一〇】，一時士大夫遂從風而靡。

【七】司馬温公……仆碑下而死　此條原脱，據《説郛》本及《古今説海》本補。

【八】召入翰林　「翰」原作「幹」，據《説郛》本、《古今説海》本改。

【九】不忍終棄　「終」原作「中」，據《説郛》本、《古今説海》本改。

【一〇】且欲玩其詞翰　「其」原作「真」，據《説郛》本、《古今説海》本改。

道君皇帝大觀二年戊子秋八月，以《易》數一一口乂乂一，乃御製《易運碑》，刻之延福殿東壁。其略曰：「始建元基，高宗御字德基。【一二】紹興德壽，謂紹興年德壽宮。承太乙循運，盡在陽九之數，高宗聖壽八十一歲。祖傳甲庚吉，太祖子再傳。建炎炎共盛之勢，建炎年號。奈何五行逆順、天地之數，非由人致。朕嘗聞，《易》孰善本基，庚子、辛丑禍起東南。謂方臘。肇動干戈，元衡立刼，壬寅、癸卯，宣和間天下大亂。亦云哀哉。甲辰、乙巳，與金人夾攻燕山。丙午、丁未，金人入寇，二帝北狩。内有丙火，天下生靈，塗炭至半。是時天下大亂。江表之虞，駕幸江表。莫知何辜。戊申、己酉，高宗初立。時正災刼。金人渡江，苗、劉内變。庚戌、辛亥，偏重勢輕。高宗航海，劉豫稱帝于汴。壬子、癸丑，後成改建。改元紹興。甲寅、乙卯，立應豐穰。是年大有。丙辰、丁巳，朕已何在？徽宗以紹興五年崩。祖宗復有中興之後。是年孝宗以建國公進封普安郡王，復紹太祖之後。」云云。其後事皆歷驗，信乎聖哲先知之明，因往推來，在天數者，果不可逭與。《坦齋筆衡》。

初，陳橋兵變，太祖整軍從仁和門入。建炎南渡，御蹕過杭，聞縣名曰仁和，上甚喜曰：「此京師門名也。」遂有定都之意。

道教之方盛也，一時詔命章表皆指佛爲金狄焉，試舉其略。政和元年四月詔曰：「朕每澄神，默受帝命，訂正訛俗，閔中華被金狄之教盛行，而至真之道未正。」宣和三年十一月，詔曰：「噫！金狄胡風，陰邪之氣，源流派分，使信者以寂滅爲樂，豈非陰氣襲

【一二】原本此條無注，據《說郛》本、《古今說海》本補，下同。

而陽魄散邪？」林灵素凡四五表，皆以金狄爲語，如《賀神霄降》云：「蠢金狄之成群，干丹霄之正法。」如《謝駕幸寶籙院聽講大洞經》云：「幸際玉霄之主，是膺金狄之風。」又云：「金狄至而華風變。」又云：「期銷金狄之魔。」而宣和元年，道德院方奏金芝生，車駕幸觀，因幸蔡京家鳴鑾堂置酒，時蔡京有詩，徽宗即席賜和曰：「道德方今喜迭興，萬邦從化本天成。定知金帝來爲主，不待春風便發生。」其後女真起海上，滅遼，陷中原，以金爲國號，讖金狄之禍。而「金帝之來」「不待春風」，蓋虜以靖康元年冬犯京師，以閏十一月二十五日城陷，時太史預借春出土牛，以迎新歲，竟無補於事，則徽宗賜和之句，甚符其讖，可勝歎哉！

秦會之有十客：曹冠以塾師爲門客，王會以婦弟爲親客，吴益以愛壻爲嬌客，施全以劊刀爲刺客，李季以章醮爲羽客，龔釜以治産爲莊客，丁禩以通家爲狎客，曹詠以獻計取林一飛還子爲説客，郭知運以離婚爲逐客。初止有此九客耳，秦既死，葬於建康，有蜀人史叔夜者，懷雞黍、拏生芻號慟墓前，其家大喜，因厚遺之，於是謂之弔客，以足十客之數。《中興筆記》。

嶺表或見異物自空而下，始如彈丸，漸如車輪，遂四散，人中之即病，謂之瘴母。海邊時有鬼市，半夜而合，雞鳴而散，人從之，多得異物。《番禺雜記》。

宣政宫中用龍涎沈腦屑和蠟爲燭，兩行列數百枝，豔明而香溢，鈞天所無也。南渡後久絶此，惟太后回鑾沙漠，復值稱壽，上極天下之養，用宣政故事，然僅列十數炬，太后陽若不聞。上奉巵問：「此燭頗愜聖意否？」后曰：「爾爹爹每夜常設數百枝，諸閤亦然。」上因后起更衣，微謂憲聖曰：「如何比得爹爹富貴。」《聞見録》。【一二】

監左帑龍舒張宣義嘗言：有親戚宦遊西蜀，路經襄、漢，晚投一店。行户外，忽見旁左側上有一人無首，以爲鬼也。主人云：「尊官不須驚，此人也，非鬼也。往年因患瘰癧，病勢蔓衍，一旦頭忽墜脱，家人以爲不可救，而竟不死。自此每有所需，則以手指畫，但日以粥湯灌之，故至今猶存耳。」又云：岳侯軍中一兵犯法梟首，妻方懷姙。後誕一子如常人，而首極細，軀幹甚偉，首僅如拳，眉目皆如刻畫。則知胞胎所係，父母相爲感應。《行都紀事》。

嘉興精嚴寺，大刹也。僧造一殿，中塑大佛，詭言婦人無子者祈禱于此，獨寢一宵即有子，殿門令其家人自封鎖。蓋僧於房中穴地道，直透佛腹，穿頂而出，夜與婦人合，婦人驚問，則云「我是佛」。州人之婦多陷其術，次日不敢言。有仕族妻亦往求嗣，中夜僧忽造前，既不能免，既嚙其鼻，僧去。翊日，其家遣人遍於寺中物色，見一僧卧病，以被韜面，揭而視之，鼻果有傷，掩捕聞官。時韓彦古子師爲郡將，流其僧，廢其寺。《行都紀事》。

豐有俊字宅之，四明人。登青樓偶見小娼，疑故人女，累目之，女亦悟。酒罷留宿，女羞澁良久乃入，曰：「豐官人識妾否？」詰之，果故人女。豐曰：「某所以留者，以坐間不

【一一】秦會之有……爹爹富貴　原脱此三條，據《古今説海》本補。

敢問也，且各寢，必有以處汝。」娼遂退。豐與京尹有契，明日以白尹，且云：「某僅有錢百千，從公更貸二百千嫁之。」尹嘉其誼，即取入府，厚奩具，擇良士嫁焉。尹即王宣子佐也。《稗史》。

天台宋氏，家本富，後貧，鬻廬於鄰。價成，作詩云：「自歎年來刺骨貧，吾廬今已屬西鄰，殷勤説與東園柳，他日相逢是路人。」富者見詩惻然，即以券還之，亦不索其直，鄉人嘉其誼。《稗史》。

有夫出外而妻獨居者，忽夜半見一道人從空而下，逼與爲淫。婦入室取刀爲誓曰：「汝若逼我，有死而已。」相持至曉，乃一喫菜事魔人也。信哉邪之不可干正也如此。【一三】

馬裕齋知處州，禁民捕蛙。有一村民犯禁，乃將冬瓜切作蓋，刳空其腹，實蛙于中。黎明持入城，爲門卒所捕，械至于庭。公心怪之，問曰：「汝何時捕此蛙？」答曰：「夜半。」「有知者否？」曰：「惟妻知。」公追其妻詰之，乃妻與人通，俾妻教夫如此，又先往語門卒以收捕，意欲陷夫於罪而據其妻也。公窮究其罪，遂寘妻并姦夫於法。

初，隆祐太后升遐，朝廷欲建山陵，大臣謂諸帝陵寢今在伊洛，不日復中原，即歸祔矣，宜以攢宮爲名。遂卜吉于會稽，民間冢墓附近者往往他徙。高宗思陵興役之際，孝宗密勅無輒壞民墓。其愛物之心一至於此，文王澤及枯骨，未足多也。

【一三】信哉……如此　原脱此十一字，據《説郛》本、《古今説海》本補。

有士人貧甚，夜則露香祈天，益久不懈。一夕，忽聞空中語曰：「帝閔汝誠，使我問汝所欲。」士答曰：「某所欲甚微，非敢過望，但願此生衣食粗足，逍遥山水間，以終其身足矣。」空中大笑曰：「此上界神仙之樂，何可易得？若求富貴則可矣。」予因歷數古人，極貴念歸而終不遂者皆是，蓋清樂，天所靳惜，百倍於功名爵禄也。《梁溪漫志》。

歐公甥女適夫張氏，夫死攜孤女歸父家，嫁公族子晟。晟之官至宿州，赴郡宴歸，而失其舟。至京師，捕得之，開封府勘，乃梢人與晟妾通。妻知而欲笞之，反爲妾所誘，併與梢人通。府尹承當路風旨，令張氏引公以自解。獄奏，仁宗大駭，遣中使王昭明監勘，而張氏反異，公遂得明白，猶坐以張氏奩具買田作歐陽户名，出知滁州。

松陽縣民有被毆，經縣驗傷，翊日引驗，了無瘢痕。宰怪而詰之，乃仇家使人要歸，飲以熟麻油酒，卧之火燒地上，覺而疼腫盡消。又有中創，血如箭出，醫者以炒原蠶蛾末傅之，立愈。又云，前方亦治跌撲，後方大治金瘡。《吹劍續録》。

孝宗留心經術，無所不涉，奏對官被顧問者多致失措。有王過者，蜀人，上殿，孝宗驟問曰：「李融字若川，謂何？」過即對曰：「天地之氣融而爲川，結而爲山。李融之字若川，如元結之字次山也。」上大喜，遂詔改官密院編修。《坦齋筆衡》。

紹興中，金人遣其祕書監劉陶来聘，因問岳飛以何罪而死。館伴者無以對，但曰：「意欲謀叛，爲部將所告，以抵誅。」陶曰：「江南忠臣善用兵者，只有岳飛，所至紀律甚嚴，秋毫無犯。所謂項羽有一范增而不能用，所以爲我擒。如飛者，其亦江南之范增乎？」館伴者默不能對。秦檜聞之，約束勿奏，俄以不職貶其人。《坦齋筆衡》。

行都崇新門外鹿苑寺【一四】，乃殿帥楊存中郡王特建以處北地流寓僧。一歲元宵，側近營婦連夜入寺觀燈，有殿司將官妻同一女往觀，乃爲數僧引入房中，置酒盛饌，逼令其醉，遂留宿於幽室，遽殺母而留女，女不敢哀。及半年，三僧盡出其房，窻外乃是野地，女因窺窻，見一卒在地打草，呼近窻下，備語前事，「可急往某寨某將家報知，速來取我。」卒如言往報，將官即告楊帥。帥令人告報本寺云：「來日郡王自齋合寺僧行、人力，本府自遣厨子排齋。」至是坐定，每二卒擒下一僧，合寺僧行、人力盡縛之，又令百餘卒破其寺，果得此女，見父號慟。遂綁三人主首，送所屬依法施行，而毁其寺，逐去諸髡。《葦航紀談》。

【一四】行都崇新門外鹿苑寺　「苑」原作「花」，諸本同，據《西湖游覽志餘》卷二十五改。

後村雜記

⊙劉克莊撰

趙維國 整理

點校説明

《後村雜記》一卷，劉克莊撰。劉克莊（一一八七—一二六九），字潛夫，號後村，莆田人。寧宗嘉定二年（一二〇九）以父彌正郊恩，官建陽令。淳祐初，特賜同進士出身，除秘書少監兼中書舍人，官至權工部尚書。度宗咸淳五年正月卒，年八十三，謚文定。林希逸有《後村劉公行狀》，敘其生平事蹟甚詳。劉克莊是南宋後期的文學大家，文兼衆體，有《後村先生大全集》傳於世。林希逸評云：「諸作皆高，律詩尤精絶，李唐諸子所不及。至於駢語，雖祖半山、曲阜，而隱顯融化，鍵奥機沈，表制之外，諸啓尤妙，自成一家。」

是書共二十一則，記録劉任職國史編修官兼内制侍講期間的一些朝廷軼聞，或載録廷對言辭，或載録朝廷文誥、制帖撰寫始末，對於史學研究頗有裨益。

此書今存四部叢刊《後村先生大全集》本、民國繆荃孫《煙畫東堂小品》本等，兩者除個别字詞略有差異外，内容基本相同。這次整理以《煙畫東堂小品》爲底本，校以《後村先生大全集》本。

辛酉國史實録院《日曆》《會要》《玉牒》《經武要略》，敕令所進書，太保右丞相賈某拜太傅加食邑。時余兼儤直，預備一制。及宣鎖，余適不當日，遂藏藁不出，朝士多見之，惟洪仲魯侍郎録副而去。後失其藁，不能追省，猶彷彿記三數語。首聯云：「總羣書奏《七略》，載嘉汗竹之勞；立太傅曰三公，爰峻面槐之拜。」中間云：「昔夫子卻萊夷之後，定古文之百篇；周公踐商奄而歸，作太平之六典。向非天資學力之俱到，安能文事武備之兩全？」尾聯云：「於戲！倚相楚之良史，豈惟讀上古之墳典索丘；謝傅晉之偉人，可以繫中國之衣冠禮樂。」語意稍著，題與尋常進書加恩者不同。

上聖學尤高，詞臣進小字本，或用事稍晦，或一兩字未安，必反復詢究，或御筆徑改定。元顏氏垂滅，李梅亭草某制，用「銷金」字，取漢人「銷金石」之語，上改「銷」字爲「糜」字。程滄洲草禋赦，用「皇靈」字，上改「皇靈」爲「國威」。余擬科舉詔，草楊鎮建節、吕文德加恩制，進小字本，上於中間疑一二字，皆宣諭下問。即具出處回奏，政再改進。上或依改本，或批不必改。凡聖筆所定，無不曲當，此類不能悉記。

孟珙家請賜神道碑，詔學士院撰述。久無下筆者，其家請不已。本院具兩直院名銜取旨，御筆劉某撰述。及進藁，翌日，宸翰付出三省云：「劉某所撰孟珙碑措詞平正。」

辛亥，余以右史兼内制侍講。時相安晚年高，二三執政方收士譽，諸人心懷向背，以攻安晚者爲賢。余一日見晚，晚不勝憤鬱而言曰：「吾負諸賢。徐真翁率全臺論某者力引爲執政，汝騰權尚書甫供職而去，超徐真學士。某非不容諸賢，諸賢乃不能容某。某去，有不如某者來坐此，始見思爾！」余勸其召潘、吴二豸及董夕郎，則人言自止。安晚不納，外間皆言淳祐舊揆必相，衆憂之，不知所出。余因進讀《九朝通略》，至澶淵事，上歎今無寇準。余從容奏云：「本朝國勢差弱，中間三有狄難，賴三大臣以身當之。耶律氏越幽薊犯河朔，决大駕親征之策，斃撻覽者，寇準也；元顔氏越太行、黄河犯汴京，决堅守京城之策，走斡離不者，李綱也；逆亮百萬南吠，或欲散百官而航海，卒之扈鑾輿幸建康者，陳康伯也。臣嘗謂此三人者，皆奮由書生，口不談兵，仕不歷邊陲，不曾作將帥，一旦國家有急，所立奇偉如此。豈有它哉？直以忠義之氣吞此虜耳！方今人材衰少，求伊、吕、管、樂之材恐不可得，若就士大夫中求如準、綱、康伯輩，莫須有人。若不論其人節義大閑，但於曾作邊帥中擇相，中外之所以寒心也。」上稱善曰：「卿言良是，豈非疑朕復用某人耶？朕决不用之。」退而仰歎上英斷不已。侍讀趙端明用父聞之，歎曰：「人主豈可無儒臣在左右？」

頃余以少蓬兼西掖侍晚講。一日，湯左史季庸夜訪余曰：「聞君翌日進講，吾欲求外補，而上未允，煩君一語贊上決。」余巽謝不敢當，季庸曰：「上於經筵中常目屬君，吾求退不求進，君何疑焉？」余漫諾之。及講罷，賜坐，因奏湯中求去，陛下何以處之？上曰：「其人甚賢，朕欲留之。」余言湯素恬退，自言初筮二考，即蒙拔擢，由掌故學館歷諫官，至柱史，全不歷民事。乞一外任自試，萬一有外庸，它日召用，不憚再來。其人材實非矯飾者。」上曰：「卿素識之耶。」對曰：「臣前假守袁州，中爲宜春主簿，與之同官。一旦求岳廟去，臣不能留，由此敬重之。」上曰：「然！則合入何闕？」余曰：「此在君父。向來真德秀自右史除江東漕，若除監司亦可。」時江東闕漕，余奏以此處湯何如？上曰：「也許某人。」退以告游丞相。游丞相曰：「上先諾楊伯嵒矣！」即擬卷湯某除祕閣修撰、湖北運判。除目至後省，見御筆批其後云：「除右文殿修撰，湖北運副。」余遂以上意載之贊書。

端平乙未並拜二相之後，時事小異。安晚辭官表云：「憂心悄於羣小，或憂蹊隧之漸開；衆賢聚於本朝，未必規模之遽變。」再相數年，求去不允，羣議稍侵之。又表云：「大臣負曖昧之謗，不能自明；小臣竊忠直之名，以徼後福。」似此類不一，語意極條鬯。

辛酉夏，余進皇太子宮端午帖子云：「錯繇術進何裨漢，伾以棋親亦累唐。聖代尊經崇理學，講堂燕子日初長。」外議以錯，伾事不當用。丞相以爲問，余曰：「偏考前人所作此，如寒食必用介子推事，端午必用屈原事在上兩句；下二句卻頌本朝之美，似此者不可勝舉。又楊誠齋老於文學，於大蓬兼光宗諭德，賀東宮生日云：『橘中延綺皓，瓜處屏伾文。』何嘗不用王伾事。某下三句歸美今日，抑彼所以揚此也。」衆議乃息。

辛亥明禋前，余以大蓬兼内制常少，又被敕攝卿。上既臨景靈宮齋殿，余與鹵簿使徐同知真翁立簾前。燭光烘簾，見上將易服，而貂璫輩忽離立偶語，若祭禮有未備者。余爲禮官，深慮失職。既而微聞尋瓚未見，謂在太廟失記，擕來久之。左右奏知，上徐曰：「去取來。」又久之，一璫走告，瓚止在神御殿柱邊，燭闇不之見，又以奏。上徐曰：「取來看。」既見本色，上易服。余始跪奏，請皇帝行禮。竣事，上還齋殿，左右請究詰掌瓚者，上不答而起，終無所問。因一瓚遲了十餘刻，百執事皆有窘色，惟上自始至終端坐恬然，若無事。余與真翁竊歎：萬乘之主，而聖性寬洪一至於此，非德盛仁熟，其孰能之？

趙觀文與篔以版書尹京都，人頗議其挾筦榷以固位市寵，雖油醬瑣細，皆籠其利。余侍經筵極論之，略云：「榷酤榷契，囊括無遺，弓張未弛，倅失利源。邑因繭絲之取毫無生意，民受池魚之殃。」且引漢算緡、唐宮市以諷。又曰：「麟趾之澤熄，蠆尾之謗興。」聞趙愬於上曰：「言臣猶可，乃謗及國姓。」余不自安，講次，乞骸以避之。上問其故，余奏：「臣素善與篔，此論國事爾。所謂『麟趾之澤熄』，蓋秀才家時文，有無關雎、麟趾之意，不可行周官之法度耳。於國姓無與。」聖意釋然。後鄭發論余，趙移書閩舶楊瑾云：後村之去非某意。

乙未六月，余爲編修官兼侍右郎官，輪對至待班所，則吴叔永舍人已先在彼侍立矣。叔永借余奏劄一觀，余答：「對畢當納副本，今未敢示人也。」及對，至論倫紀處，上反復論難，累百言，余一一條析以對。上色莊然，玉音温厚，不以爲迕。既退，叔永問曰：「對何其久也？某立得肚飢矣。」余示以奏藁，叔永歎美曰：「諸人皆不敢言矣，君真不易。」隔三數日，解后見，叔永曰：「某爲君對語激發，因皇女不育加封詞頭下，某既草詞，别入貼黄云：『陛下未有皇嗣，雖皇女亦多不育。引梅福續人者所以自續之語，必爲故王立繼，則子孫千億。』及付出，則貼黄已揭去，聞上不樂某封。上且如此，君昨面對天威咫尺，慷慨開陳，踰晷不退，某有媿於君矣。」後余爲季永所論。叔永與遊果山，聯騎餞余湖上，叔永云：「某不意舍弟如此。」余曰：「人各有所見，昔黄魯直除右史，蘇黄門不肯押省劄而寢，不以魯直乃坡公之客而少恕。其來久矣，何足怪也？」游公笑云：「天下乃有故事親切如此。」一笑而散。

丙午十月一日，余爲少蓬當轉對，論國本，大略謂此事不可謀之婦寺邪諂之人。又曰：「當定于一，今也朝選一人焉，暮選一人焉，舉棋之勢未定，當璧之覬寖廣。」又言：「或難臣曰：金枝玉葉之繁，將惡乎擇？臣曰：聖意之所屬，即天命之所屬。」又言：「近臣無范鎮、司馬光，累數十疏不已；大臣無韓琦、趙鼎，以此事爲己任。」疏出翌日，聞游丞相亦有密奏。越三日，上享原廟，有貴州刺史之命，而遣先入内小學者，歸其家塾。

後六年辛亥，余召對，再温前疏，願采臣自姪爲子之説。末言：「昔朱熹三見孝宗言：『日往月來，不惟臣蒼顔白髮，仰瞻天顔亦非昔矣。』臣自丁未至今，亦三見陛下矣，由臣視熹，賢愚雖異，愛君一也。誦熹此言，悽然有感。」上欣然曰：「朕意已定，小者略長成，即教它入來。」既對，衆論以余不攻安晚，指爲晚黨。庠生陳宗干謁余，不愿所欲，嗾其黨上書，指余二疏皆非，惟國本論差强人意，然未免貪天之功。余累乞骸納禄，頓首上前曰：「羣臣多論國本，陛下試編類，幾有一部《通鑑》多。臣止有一板半板，何功之貪？」天顔爲一笑。貪天之功四字謂當權位者，若漆室女憂君，老子少倚楹而嘯，豈可加以貪天之名乎？景仁、君實一生名節可敬，論建儲特一事爾！同時職方員外郎張述亦論此事尤切，大爲時相富文忠公所詆，何足道哉？

余自江東憲以太府少卿召對，御筆賜第入館，俄兼晚講。甫旬月，又兼權中舍。余力辭至四五。游丞相云：「此上意，某不敢復奏。」余因白丞相：「多士滿朝，何至用某作詞臣？此距新春不遠，萬一省試差官，又當濫吹耶！」游公曰：「恐不能免。」余曰：「此大不可。先朝以王君晛、張安道同知舉，因爭卷子，君晛自謂舉進士第一，罵安道曰：『公雜出身，曉不得。』張公以賢良進，而人言如此，況其本無出身耶？」游公大笑。其冬，余因留黄去國，晚爲兵侍兼内外制。壬戌省試前詣廟堂，乞免考試，今傅相魯公答語亦如游公。余舉君晛、安道舊話，魯公亦大笑，卒免差。余仕由門廕，卿監則歷宗少、常少、大小蓬，史局則歷編修、檢討、同修撰，經筵則歷説書、侍講、侍讀，又兼西掖，再直北扉。可謂忝竊，惟不曾爲試官爾！

余少未爲人所知，水心葉公稱其詩可建大將旗鼓，西山真公自爲正録時，稱其文延譽於諸公。初筮靖安主簿，年二十四，庚使潔齋袁公被旨來攝豫章，辱致之幕。教官擬賀冬年表，不合，忽蒙改委，公不易一字。因白事留語：「主簿它日，必以四六名家。」余答：「非素習，黽勉爲之耳！」公曰：「君年事未也，而四六乃有李漢老風骨，它日豈易量！」余謝不敢。當時但知李公《漢宮春梅詞》而已，實未見其四六也。退以告郡士萬栒伯，我自述空疏之媿。萬曰：「李公有一位在郡中居，從其家借《雲龕集》與諸家所作誦習之，稍爲上官代箋記大小狀，皆以薄技得之，佗無繆巧。故諫議忠簡傅公每見其文擊節，薦於朝曰：使爲文字官，必稱職。」時余方在選調，上登極，舉賢能材識。公已告老，又以余應詔，謝以小啟。公自答云：「取舊知而論薦，應新詔之蒐羅，雖非當時有味之言，庶幾文若不休之意。」後南塘趙公爲西宗，評余四六云：「馴雅簡潔，全法半山。」又云：「老胡雙眼猶能別寶，更須參取歐、蘇，使之神化不測。」它日見余一二篇，又云：「某在兄雲霧中，今知前所見一卷，就某所好一體耳。」時南塘四六獨步一時，西山書云：「安得好時節，使兄與南塘對掌。」其後南塘直玉堂，余亦忝内外制。

西山四六高處不可摹擬。爲江東漕，與廣德守魏峴爭賑濟謝表【一】，惟歐公能道，它

【一】爭賑濟謝表　「賑」，原作「振」，據《後村先生大全集》本改。

人莫及也。然書與余云：「某四六從龍谿入，兄與履常由半山入，故標致不及二公。」其謙下如此。

余開禧乙丑補入參，果行，仲弟無競、從弟志學參持志，與安晚同齋。余因二弟識之。後余宰建陽，李知孝方興烏臺詩案，余蹤跡危甚。晚在瑣闥，力勸遠相不宜以言語罪人，其事遂解。余有一啟謝晚，或云語洩禍未已，遂不果投，惟録寄西山及陳參與正夫。遠薨，晚相，客見其座右寫陳振孫、劉克莊姓名。正夫乃示以前啟，俄有堂審之命。會西山帥三山，以議幕辟余，除將作監簿兼福建參議官。西山召，余遂牽聯造朝。安晚初相，賀執滿牀，晚以余啟爲第一。及爲樞掾，以西山薨，堂白再乞福建參議，以送其終。二相皆言早閒方奏知，欲以禮部郎官相處，如何去得？儉正奈子壽、副都丞顔耆仲、左司崔端純、右司趙汝譢、陶木、編修高奎在坐，皆聞其語，退而相率賀余。余曰：「禍將作矣，何賀之有？」未幾，被論去國。李元善在諫省，小柬云：「因南宮之除稍響，一表郎何足忌？」忌余或爲詞臣耳！然余晚遭遇未嘗歷表郎，而爲詞臣。

余爲廣漕被召，爲金淵所論予祠。明年，以尚右郎官召，爲濮斗南所論，皆言其披襟南宮。余每與游丞相及安晚諸公書，言：「某中年婚嫁迫人，但得一贏官，苟俸禄以送老足矣！雖凋郡邊城，或總餉，亦願爲。乃無故加以此名，幸無它過。今年之斥此罪也，明年之斥又此罪也，初負此謗未五十，今六十矣，惡名著身，如染癩沐漆。然詞窮理極，終不能免此等差使。」壬戌二月，宣鎖草楊蕃孫建節、皇族乃裕檢校少保制，二鼓盡進藳，至四鼓後宣諭，問蕃孫制所稱「渭陽」二字。時將解衣就枕，旋呼燭作回奏，不禁勞苦，有「衰颯禿翁垂八十，四更燭下作蠅頭」之句。又六月二十九日，召試官職内宿，夜作策題，寫未畢，忽暈眩不自持，請且遂。語同院洪伯魯，決策求去，以貴主薨，不敢入字。至八月末始得請。

余年六十二，罹陟屺之哀，始得暈、滑二疾，初猶三兩月一作，及辛亥免喪召歸，則二疾月一再作，或數日一作。十日九謁告。上問宰執，孰知余疾狀，云何不灼艾？宰執使人導玉音，余始灸丹田，餌烏附，自夏徂秋小愈。迫禋祀，始參告宰執。徐樞直翁言：「昨奏差執綏官，上曰劉克莊可而病，程公許可而老。遂差陳顯伯。可見上有清切差遣，常屬意於君。」

辛亥，五使按嚴更警場，余攝太常卿與焉。版書趙德淵爲余言：「止消幾箇使相，窮了版曹。」因言趙悦道一員錫齎一千八百匹兩，始悟温公力辭郊齎之意。時悦道爲儀同節鉞。德淵尹京，兼橋道頓遞使。

端平初，陳瑠洵益微惹外議，余輪對，略及之云：「北司貴臣憑恃恩寵，風憲不敢劾。」上問：「爲誰？」余以洵益對，上不以爲忤。藳傳，意臺中必不樂，而臺端王去非乃上疏相助，當時臺諫之賢如此。後李元善論宫媪及洵益，遷工侍，不拜而去，然未幾召用。

王内相一德度前代帝王所不及。

上洞知羣臣情態。端、嘉後，言者多及宫媪，或言二吴陰與通譜，認之爲姑。道夫因論事亦有數語及之，若欲擺蹤者。唐伯玉察院晚講，上語及道夫，笑曰：「别人如此説，他也如此説。」伯玉因彈道夫，貼黄及毅夫。二吴一生權譎，而不知心術爲人主所窺如此。

宰輔賜謚多上自定。杭相李公當軸除授，公户庭肅，鞭靴不及其門。與喬孔山相先後薨，上謚李曰「文清」，謚喬曰「文惠」，聖筆之嚴如此。近知堂董相薨，御筆賜謚「文清」。余歸道過徐公直翁，問：「董何以謂之清？」余曰：「見董公詞頭，至院草制繳連，其乞致仕表自言：『策免後十年，居里自慚，無益縣官，職俸祠俸，皆不敢幫。』豈非上見其遺言如此，遂得美謚耶！」徐默然。後陳抑齋謚「忠肅」，直翁謚「忠簡」，皆出聖裁，不下有司。

樵談

⊙許棐撰

程郁整理

點校説明

《樵談》，一卷，舊題宋許棐撰。棐字忱父，海鹽（今屬浙江）人。生平不詳。據乾隆《浙江通志》所引《海鹽縣圖經》，嘉熙間隱居秦溪，構屋讀書，因自號「梅屋」，除是書外，尚有《獻醜集》、《梅屋集》行世。

是書爲明人所好，《千頃堂書目》著録爲二卷。而乾隆《江西通志》卷八十謂南宋臨安人謝逸亦著书题《樵談》。明鄧伯羔撰《藝彀》卷中曰：「草木子言：『括蒼林君度家藏《樵堂集》，不知何許人也。』《樵堂集》即《樵談》，蓋邊廷實所授，閻子明序之者，序稱許棐撰。豈以世傑博洽，猶不辨是書作者姓名乎？其所揭三條示人，非其至者，予爲揭三條，剴切痛快創俗之名言也。（棐，宋嘉熙中人）」《四庫全書》收本書於子部存目，來自編修程晉芳家藏本，僅見三十則，提要謂「是編皆勸戒之言，然核其詞氣如出屠隆、陳繼儒一輩人口，殊不類宋人之作」。則明人所見本或内容多於今本，或未著作者名，而清館臣頗疑書出時代。《叢書集成》據《鹽邑志林》明刊本排印。本書或爲隱士所爲，多爲勸誡世故之談，雋思妙語，亦時有灼見。

本次整理以《學海類編》本爲底本，校以《叢書集成》本。

樵，身也。談，心也。向月澗雲崖，和樹聲，答泉響，高亦可，低亦可，繁亦可，簡亦可，猿鶴不猜，鹿豕不忌。恐饒舌者語世人，世人笑之爾，世人不談王道，樵亦能笑之。

耕堯田者有水慮，耕湯田者有旱憂，耕心田者無憂無慮，日日豐年。

壁書覆瓿，裂史粘窗，誰不惜之？　士厄窮途，落冤穽，聞者不憐，過者不顧，聽其死生。是賢紙上之字，仇腹中之文，哀哉！

與邪佞者交，如雪入墨池，雖融爲水，其色愈污；　與端方者處，如炭入熏爐，雖化爲灰，其香不滅。

小人出事剥竊，入事熏修，是攘雞賽神，攫金裝佛，神佛其據我乎？

逢彼躁忿，如塗雪著面而易融；　逢彼笑怒，如隙風侵身而不覺。

子怨父貧，兄攘弟富，妻妾視豐儉爲悲懽，奴僕視盛衰爲勤怠，市道不在門外矣。

殺人者死，定法也。酷吏殺人不死，謬將殺人不死，庸醫殺人不死，法定乎？

凶人祭祀，吉神不饗，如君子不受小人之苞苴；　吉人祭祀，凶神不臨，如小人不登君子之俎豆。

聞君子議論，如啜苦茗，森嚴之後甘芳溢頰；　聞小人諂笑，如嚼冰糖，爽美之後寒沍凝腹。

或問：優孟學孫叔敖抵掌談笑，歲餘與叔敖無辨；　今人終身學孔、顏，何百不一如？曰：心學滑稽易，口耳學聖人難。

畫工數筆，術者片言，僧道一經半呪，動得千金。文士刳精鉥心，不博人一笑。吁！士也賤，何獨在茲【一】？

攜魚上碪，送蟹入釜，無不惻然；　及坑才陷藝，惟恐不深，是不忍于細而忍于大。

鬮金閲玉，不幸甚矣。而先人手澤，亦卷分帙散，永爲不全之書，是遭無焰之秦也。

貴蓄孔鵰，賤視賓客，肥飼猿鹿，瘦役輿臺，不義而富貴者之積習也。哀哉！

衣垢不湔，器缺不補，對人猶有慚色；　行垢不湔，德缺不補，對天豈無愧心？

古人歎未知爲人父之道而有子，今人未知爲人子之道而有子。

庸匠誤器，器可他求；　庸婦誤衣，衣可別製。庸師誤子弟，子弟可復明乎？

龍有蛇之一鱗，不害其爲靈；　玉有石之一脉，不害其爲寶；　士有百行，一行偶違，不害其爲君子。

自己之仙，真仙也。不求真仙，而求繪鍾塑吕，惑矣！

【一】何獨在茲　「獨」原作「能」，據《叢書集成》本改。

堯行舜趨、周冠孔裳者，恐未可以貌定也。使其見遺金于曠寂之途，遇美色于空閒之室，而一不動心，是堯、舜返魂，周、孔復肉。不然，仁義之賊也。

或問：浮屠氏以身爲旅泊，何必殫費金珠華耀土木？曰：小人性貪，非窮奢極侈無以起其信心。

君子對青天而懼，聞雷霆不驚；履平地而恐，涉風波不疑。

讀孔、孟之書而不嗜殺人者，未爲仁也；讀孫、吴之書而不嗜殺人者，仁人也。

東家富財，車馬接踵；西家富德，風雪閉門。

燕處文梁，壘深雛暖；鳩棲弱葦，巢折身危。蕭、曹得其託，勳成烈就，慶衍後人。范增失其託，義破忠殘，餒貽先世。然則劉季豪傑之文梁，項羽英雄之弱葦也。

上交之難，甚矣！百諂未必喜，一忠刻骨怨之；百巧未必録，一拙終身棄之。所以古人高尚其事。

虎不食虎，人食人；虎不食子，人食子。哀哉！

破爪傷膚，壞梳摘髮，色爲之變；藜珍瘞身，列黼靡骨，心爲之安。

倚富者貧，倚貴者賤，倚强者弱，倚巧者拙，倚仁義，不貧不賤不弱不拙。

人不能家訓户飭，賢一人以誨衆人之愚；天不能家周户給，富一人以濟衆人之貧。非以賢私一身，富私一己也。

◎釋圓悟撰

枯崖漫録

夏廣興　整理

點校説明

《枯崖漫録》（又作《枯崖和尚漫録》）三卷，釋圓悟撰。圓悟，俗姓劉，號枯崖，福清漁溪（今福建福清）人。爲臨濟宗第十五世、偃溪佛智廣聞的法嗣。曾在杭州徑山寺任書記僧、住持，圓寂於泉州興福寺。據《福清縣誌續略》載，枯崖本爲儒生，「天姿閒暇，恬淡寡言」，「酷好詩而喜爲文」，以「清苦憤發」聞名。是一代著名藝僧，有詩集傳於世。圓悟善文亦工詩，是「江湖詩派」詩人之一，其詩收入《四庫全書》之《江湖後集》卷十六。

《枯崖漫録》於理宗景定四年（一二六三）刊行，收於《續藏經》第一四八册。理宗景定初年，係駐錫興福寺期間，已就所見、所聞、所歷，將禪林大德和參禪學道的仕宦人物之應機接物、入道機緣之妙行格言或示衆法語，以及其他有關禪蹟等，隨其見聞而漫録之，並擇要補正《景德傳燈録》、《嘉泰普燈録》等諸傳燈録未録之古尊宿之行事等，彙集成編，但並無統一之編列次序。其中許多人物的機語行事爲各種燈録禪籍所未載，可補禪史研究史料之闕。景定四年（一二六三）四月書成後，時任司農少卿的林希逸爲該書書跋；度宗咸淳八年（一二七二）春，時住鼓山老禪庵的北山紹隆又爲之作序。至日本寶永四年（一七〇七）春，此書傳到日本，並爲之重版，後收入日本京都藏經書院編的《續藏經》第一四八册，流傳至今。亦有日本抄本流傳於世，稱《枯崖和尚漫録》三卷，收藏於京都大學人文科學研究所。此書暢行風靡于叢林，並遠播日本，廣爲印行，爲參禪衲子所愛重。本書自古與《羅湖野録》、《雲卧紀談》、《林間録》等並稱爲「禪門七部書」，爲參禪問道者所資。

此次整理，以《續藏經》本爲底本，校以日本抄本《枯崖和尚漫録》（簡稱京都本）。

序

石谿、偃谿愛人物，崇風教，賢於端嘉諸老。暮年靈徑於余尤親密，評商述作，一語無諱。嘗道：「枯崖、仲簡于二老，厥後俱掌記徑山，簡富於文，惜早世，而枯崖清苦憤發，正宗有聞。」余居喝石崀，夾路玉簪花一開，秋風騷然，或笑曰：「禪和子纔見此花，則憂禦寒無計，東馳西騖。獨枯崖坐破囪怡然，每携被崀上同宿，月涼登閣，雪霽看山，相與胷中耿耿。」余出錦谿報慈，歸延平含清數年。稍睽間，聞枯崖集古成録，偃谿喜其所取機緣，皆有控人入處，後村謂「何時煑茗爲重論」，竹谿謂「它時共入《僧寶傳》。」枯崖南歸，携録相訪，適余遷光孝，率爾過目而别。今枯崖瑞世泉南興福，而起藏主爲之刊梓欲叙。夫參方正眼，爲人峻機，逸致高標，激貪立懦，備見乎此。因思石谿閑居太白，欲刻仲宣孚、非庵光、艮崀沂、勝叟定諸人舊作，及捧黄住山，酬應不韻亦不果。枯崖當搜抉其遺，繼繼彙集，俾《五燈》之後，復見一燈光明燭天下，豈《漫録》云乎哉？枯崖，名悟，福之福清人。咸淳八年仲春北山紹隆書于鼓山老禪庵。

昔偃溪佛智禪師住靈隱，予客臨安，相與往來，神交道契非一日，知枯崖之名久矣，未頃曾眉毛厮結。偶寓于泉，因過興福寺，一見，元是屋裏人，恬淡寡言，真脱偃溪印子來。名字聞枯崖癸亥歲歸徑山蒙堂，裒集平昔所聞見宗宿入道機緣、示衆法語，及殘編短碣，是歲夏未上于燈者，隨所筆，名曰《漫録》，其志有在。呈似偃溪，被叱，擎下無事閣裏。五，忽謂曰：「將謂所述者，效紀談雜録，資談柄耳。今閲之則異是，所收機語，皆有控人入處，已用筆點下，餘則剗却，且囑宜珍藏之。」予雖欲見是録，而未暇扣，忽得起座元携元藁過我，欲爲鋟梓，請信庵一轉語。予詳復數四，雖枯崖得之所聞所見，然編集成傳，或讚或拈，或著語，或紀實，一一自胷襟流出，豈是依本葫蘆？則知枯崖和尚所集者，皆發藴櫝之美玉，而非鼠璞；佛智禪師所點者，皆選走盤之遺珠，而非魚目。予更贅語，恐反生玉之瑕，而爲珠之纇矣。起兄請之力，不獲已，再垂一足，助彼畫蛇。噫！《漫録》一出，何異揚雄之草玄取譏於人？雖然，後世必有子虚者出。咸淳壬申夏，清漳信庵陳叔震序。

卷上

圓通宗照庵主，因木庵初到泉南，舘是庵。一日，具威儀問曰：「某甲愚鈍，乞師指箇見處。」木庵指面前香爐曰：「見麽？」照曰：「見。」庵曰：「見處如何？」照曰：「某甲不會。」庵曰：「又道見也。」照悚悟，流汗浹背。自此杜門四不出，一衲百結，韻致高古，莫能親踈之。

慈慧祖派禪師，温陵張氏子。祝髮於開元羅漢寺，參文關西之嗣宗岱餘，宗舉僧問雲門：如何是正法眼？答曰：「普。」又僧問如何是正法眼。答曰：「瞎。子作麽生會？」派罔措，由此焦慮忘飢寢。一夜坐至子刻，聞山禽呌一聲，省悟。黎明，求宗印證，纔入門，便喚曰：「和尚！」宗曰：「子來作麽？」派曰：「東家杓柄長，西家杓柄短。」宗曰：「子夜來發顛耶！」派曰：「是和尚顛，是某甲顛。」宗下禪床擒住曰：「見什麽道理？」派曰：「伏惟和尚，尊候萬福。」宗托開曰：「還我前日話頭來。」派作女人拜，復呈頌曰：「問正法眼，答曰普瞎，萬里清風，一溪明月。」今香泥像留於里之四松，爲緇素欽仰焉。

黄莊定公祖舜，晚尤淡薄，留心禪宗，因觀《傳燈》悟入。述偈曰：「六載留心讀釋書，幾回紙上被模糊。今朝放下都無事，只是從前箇老夫。」仕至執政，爲紹興名臣，且能證徹此道，未許裴、李專美於前矣。

浙翁佛心禪師，初到雙徑，見大慧之嗣仁公，扣以當時千七百衆咨決之要，得狗子無佛性話，默領去。過台之報恩，求決於佛照。夜參，聞舉世尊鞭影語曰：「見鞭影而行，非良馬也。」言下省悟，且日入室，問：「不思善，不思惡，正恁麽時，如何是琰上座本來面目？」曰：「佛手遮不得。」復隨侍證老衲於番陽，聞旁僧商量雲門話墮話云：「那裏是這僧話墮處？」豁然洞見佛照從前機用。佛照每語人曰：「我握拂柄以來，的契吾機者，惟琰爾。」後佛照、佛心接武住凌霄，法席俱盛，如佛日猶在時也。佛心塔在澗東，詳見誌銘。

興化軍瑞香烈庵主，本郡人，號幻住叟。妙年奇逸，飽叢林，久參等庵。後得東庵，發明心要，歸鄉居虎丘巖餘十年。有《山居》小詠，其一曰：「客來詢秘密，幽鳥語聲喧。此意分明甚，何消我再言？」嘉定間，郡守以東塔招之，不出。及移錫瑞香，得東庵訃，舉哀拈香云：「向來信采遊江外，業風吹到明州界。捏著聱頭老拙庵，驀遭毒手相殃害。猛虎出林不足威，蚖蛇當路未爲恠。虚空激拶火星飛，流布叢林惡聲在。死中得活復歸來，冷地思量真叵耐。近聞筋斗已倒翻，且喜昇平吾道泰。炷香聊以表殷勤，償却拳頭竹篦債。大衆！只如佛照和尚既然與麽？且道只今是雪屈耶？是酬恩耶？説著雖非直半文，誰知却有通人愛。」瑞香得處分明，確守其志，不肯應世，伽梨勃窣於水光林影中。

想見其高風逸韻，令人意消。

鐵鞭韶禪師因密庵開堂，直趨前曰：「箇是選佛場，心空及第歸。今日相見處，大地起風雷。作麽生是相見底事？」庵不答。又曰：「十二時中有箇漢，把劒來截將你頭去。爭奈渠何？」亦不答。遂摵一坐具曰：「遇這寃家，不打更待何時？」亦不答。退身唱三聲喏，曰：「捉得賊頭袁達、李磨到，請鈞旨。」庵方竪一拳示之曰：「領鈞旨。」翻筋斗便出。庵入室罷，告衆曰：「適來有箇漢，牙如劒樹，口似血盆，手把一條垂條，如鐵鞭相似。老僧親遭一下，汝等諸人，切須照顧。」自此號曰「鐵鞭」，六年爲不蠹務侍者。

萬庵柔禪師示衆云：「有句無句，如藤倚樹，荆棘林中開活路；樹倒藤枯，句歸何處？生鐵秤鎚被虫炷，泥盤放下笑呵呵。殺人劒與活人刀，若是金毛獅子子，三千里外見誵訛。」佛生日，云：「周行七步，已入邪路。目顧四方，開眼尿床。指天指地，有甚巴鼻？唯我獨尊，猶是兒孫。畢竟浴他，圖箇什麽？」良久，云：「珊瑚枕上千行泪，半是思君半恨君。」閱此數語，履霜知冰，踐露知暑矣。密庵雖門户嚴緊，而接人甚盛，豈有吞舟之鱗能漏網耶。

芥堂璁禪師預木庵室。一日，待次，忽逢其怒曰：「你在此作什麽？夏制將滿，西來意作麽生會？」纔擬答，被劈口打一掌，且厲聲曰：「速道！速道！」纔擬答，又被打一掌。忽省發汗下，禮謝而去。自此諸方號弘法道者，莫不往參激。晚住吴門聖因，益馳聲譽。白髮垂肩，叢林呼爲「璁白頭」云。

真源慧日禪師，字明可，方峻超卓。頌黄龍三關云：「我手佛手，糞箕掃帚。拈起便行，誰分先後。我脚驢脚，步步踏著。踏破虚空，一任卜度。人人有箇生緣，屋漏望見青天。昨夜泥牛勃跳，帶累金剛發顛【二】。」應庵見之，歎曰：「真黄龍的骨孫也。」頌竹篦子云：「半載出師當古塞，將軍疋馬意崢嶸。不知打破重城了，空把牢關不放行。」大慧聞曰：「此黄龍兒孫，亦解我楊岐下説話。」真源嘗問僧曰：「佛以一大事因緣出見於世，如何是一大事因緣？」僧無語。復引諭而謂之曰：「如一顆明珠頓在朝天門灞頭市裹，千人萬人行過不見。忽有一箇漢遇著，便叫云『我快活』，只是這箇道理，會麽？」初住杭之多福，後住昇之興教，明之香山，乃天台萬年雪巢一村僧嗣。語言宗旨，木水之有本原也。雪巢别帖云：「專介之來收書，且喜被臨安命，遴選出世。仍審别後新領住持，道體康安，深以爲慰。中間赴長蘆，欲得相見，知已入院。人言多福，政在於潜新城深山中，只成悵然而已。我身畔别無人，甚望汝歸來。奈何已出佩空王印，事要兩全則難矣。且勉力向前行道，不可恣縱。自己令厚，却薄他人，軟暖淡薄，汝亦深悉之。今之住院多如此，可相信也。若到秋間，我定要歸天台萬年觀音别院，必作長往計。無因見汝，且自保順世間人情，使祖道光顯，至祝。」《普灯》只載其嗣法，法常首座。

愛堂妙湛禪師，依木庵於杭之淨慈，爲水頭、淨頭。一日，於寺前舉扇化錢，忽然猛

【二】帶累金剛發顛　「累」原作「庵」，據京都本改。

省，因忘縮臂。旁僧訶曰：「猷子！扇上有錢了。」通身汗出，掖歸白水庵而印可之。亦有頌示之云：「一堆屎上一尊佛，放出毫光照天地。鑊湯爐炭裏生蓮，只因洗面摸著鼻。」爲肯堂首衆日，新福帥王公度遊山，與論契合，到福以黄檗招之。後赴吴門守趙公彦檣承天之請，方順寂。愛堂，安吉人，朴野絶文飾，間發語言如枯柴，人不及見，惜哉！

臨安府徑山少林佛行崧禪師，生於建之浦城徐氏，受業於夢筆峰等覺，瑞世於安吉報本，嗣東庵，道聲四馳。未幾，起住杭之淨慈。上堂，舉「僧問鹽官，如何是本身盧舍那」，官云：「與我過淨缾來。」僧提淨缾至。官云：「復安舊處著。」拈云：「鹽官八萬四千毛竅，竅竅俱開；　三百六十骨節，節節欲斷。可惜這僧如夢相似。」上堂，舉洞山云初秋夏末，兄弟東去西去，直向萬里無寸草處去。後來瀏陽庵主道：「出門便是草」。大陽云：「不出門亦漫漫地。」拈云：「同聲相應，同氣相求，則不無三大老。子細檢點將來，總是藤蛇繞足。且利害在什麽處？　誰知雲外千峰頂，別有靈松帶雨寒。」上堂云：「是法不可示，言辭相寂滅。春葩千萬叢，春山千萬疊。正與麽時，釋迦老子打失鼻孔，是汝諸人還知麽？」喝一喝，下座。上堂云：「欲得大用見前，直須頓忘諸見。諸見若盡，昏霧不生，大智洞明，更非他物。」遂舉拂子云：「看看，若道見，頭上安頭；　若道不見，斬頭覓活，畢竟如何？」良久，云：「洎合錯下注脚。」喝一喝，下座。既退席，過武康宴山接待寺，寧廟尤重佛法。嘉定間，再得旨董南山，即詔延和殿登對，賜號「佛行禪師」，金襴袈裟，寵榮至矣。

臨安府淨慈肯堂充禪師，餘杭人，嗣顔萬庵。風規肅整，望尊一時。頌《即心即佛》云：「美如西子離金闕，嬌似楊妃下玉樓。終日與君花下醉，更嫌何處不風流。」《曹山喫酒》云：「販海波斯入大唐，先將珍寶暗埋藏。却來伸手從人覓，爭奈難瞞有當行。」舉萬庵先師有語云：「坐佛床，斫佛脚，不敬東家孔夫子，却向他鄉習禮樂。」拈云：「入泥入水，則不無先師，爭奈寒蟬抱枯木，泣盡不回頭。」卓拄杖云：「灼然有不回頭底，肯堂向升子裏禮你三拜。」昔大潙佛性謂：頌古、拈古要奢儉得所，如人解使錢，不必多也。善讀肯堂語者，當自知之。

寶峰端庵主，久侍佛照，見其頌女子出定因緣，有悟入處。一日，造丈室，於座左側叉手而立。少頃，便出。照呼來前曰：「有什麽辨白。」端又於右側叉手而立。照喝，端趨出，照頷之，端恂恂如鄙人。居小庵無宿給，户外之屨常滿。同門如權孤雲、印鐵牛，致書招之不出。

安吉州烏回月林觀禪師，性純誠，無矯飾，福之候官黄氏子。初爲牧童，鞭叱牛有省，屏葷血，投雪峰忠道者出家，謁荆南二聖戒準得度，見澧州證老衲獲其法。初造室，聞舉話云：「若能轉物，即是如來，面前香臺作麽生轉？」曰：「築著磕著。」被叱去，復隨侍過饒之薦福，看雲門話墮。又十年，一日，繞蓮池行，自誦云：「那裏是這僧話墮處。」忽大徹。塗毒在徑山，遯庵在華藏，皆有書致之分座。頌《洞山麻三斤》云：「脣上碧斑賓豹博，舌頭當的帝都丁。頻呼小玉元無事，只要檀郎認得聲。」嘉泰間，瑞世吴門聖因，遷承天萬壽，學者輻輳，住烏回。示疾日，猶再鼓入室，且曰：「桂花開時，吾將行。」俾其徒預結夏制，已而桂花盛開，嘉定丁丑四月十三日也。參前入室，再鳴鼓普説，衆集定，拈拄杖云：「有拄杖與拄杖，無拄杖奪拄杖。衆中莫有會底，出來道看。」衆無對。擲下拄杖，危坐書偈而寂。閲世七十五，坐夏五十一，闍維，舍利不可計。烏虖！命世宗師，處死生如雲行鳥飛，初無留礙，烏回夏中，入滅，桂盛開，如其言。此尤見其超絶奇瑞明驗處，非荷負大法精一力乎。

曹源生禪師，在信之龜峰，示衆云：「從朝至莫，鍾魚鼓板爲諸人發上上機了也。若信得及，塵沙諸佛在諸人脚跟下跱跳；若信不及，龜峰拾得口喫飯。」拍禪床，下座，真黄龍所謂如數世富人，一錢不虚用耳。

松源岳禪師，初入閩見乾元木庵，久之，辭去。木庵舉「有句無句，如藤倚樹」，源曰：「裂破。」曰：「琅邪道，好一堆爛柴覃。」曰：「矢上加尖。」曰：「吾兄下語，老僧不能過，其如未在。他日拂柄在手，爲人不得，驗人不得。」曰：「爲人者，使慱地凡夫一超入聖域，固難矣。驗人者，打向面前過，不待開口，已知渠骨髓，何難之有？」庵舉手曰：「明明向汝道，開口不在舌頭上，後當自知。」逾年，源見密庵於衢州西山，隨問即答，庵笑曰：「黄楊禪。」爾後，在徑山聞庵問旁僧：「不是心，不是佛，不是物。」忽大徹，乃曰：「今日方知木庵道，開口不在舌頭上。」源生處之龍泉吴氏，開法蘇臺澄照。慶元間，被旨住靈隱，門庭高峻，入者鮮不爲大器。烏虖！松源、破庵、曹源、萬庵，豈非起中峰之道者耶？

大梅止翁祥禪師，無用嗣子，示衆云：「瑞岩示衆絶支離，栗棘金圈劈面揮。直下有人吞透得，更須來喫頂門鎚。」語言質直如其人，住山規模尤過人。

月林觀禪師，會中有一杜多行，明得俱胝一指話，且曰：「吾老矣，須再來。」歸寂後三十餘年，月林在湖之報本，夜夢開室舉俱胝話，見杜多行造室竪一指。明旦，室内舉前話。孤峰秀公時在旦過中，趨入亦竪一指，月林曰：「杜多行再來矣。」

福唐明首座，號寂照，飽參聰敏，久侍空叟於四明玉几。叟感風疾累年，左右相繼辭去，照服勞益勤。叟常囑以福鮮，不宜出世爲人。歸里，爲鑑絶照首衆鼓山，帥李公俊以大雲峰招之，辭以偈云：「箇是皇朝無事僧，談禪説道總無能。頽然送日猶嫌贅，敢把虚名玷祖燈。」絶照勉其出，復曰：「願做閑人。」述偈云：「恰露半頭原畔立，故人底事又相逢。柴門去此無關鑰，佛若來時却弗容。」即日，遁去。後寓閩清白雲，學者景向。又數年，帥趙公希瀞盡禮以雪峰迎請，照以書授小師圓庵主，辭謝不赴。帥封沉香爲供，將以四句云：「道人高卧挽不來，凛凛清風起懦頽。太守無由親問道，瓣香聊寄小師回。」寂照三十餘年守一破紙被，見地明白。遵記莂而恥表襮，依林藪而安寂寥，始卒不易。使爭競名位，販賣佛祖者，聞其風，亦可以少愧矣。

浙翁佛心禪師示如璨法語云：「本色道流，十二時中，六根門頭，空牢牢地，如一面軒轅寶鑑，胡來胡現，漢來漢現。選甚真如涅槃、菩提煩惱，以至世間虚幻情欲，逆順是非，一一照破，直是汙染不得。若也六根門頭，纔有纖毫異念，便被許多爲障、爲礙、爲寃、爲對，使得七顛八倒，凡聖之岐，由此而分。然凡聖初無兩種，只是一箇了事人，了底喚作聖，不了便是凡夫。龐居士云：『不是聖人，了事凡夫，』此之謂也。既知得了，更須子細。不可目前輕結裏著箇裏方要見人，咬定牙關，且崖將去。驀然崖到懸崖撒手處，正好入人爐鞴，受人鉗鎚。稱箇本色道流，不爲分外，忽爾時緣所迫，出來與人解粘去縛，内亦無愧，自然綽綽有餘裕也。」閲此，真臨濟宗骨髓耳。

常州華藏明極祚禪師，嗣暉自得。嘗舉「保壽開堂語」，拈云：「保壽開堂，爲衆竭力，三聖推出，故園春色，保壽便打，可知禮也。瞎却鎮州一城入眼，三聖重重露肝膽。保壽下座，便歸方丈，千古叢林爲榜樣。」喝云：「喚作榜樣，得麽？」明極以大父事宏智，拈提如山濤論兵，闇合孫、吴，亦可爲叢林榜樣。

安吉州鳳山資福破庵先禪師，王氏，蜀廣安新明人也。參密庵於烏巨，隨衆入室，見其爲旁僧舉「不是風動，不是幡動」，忽然朗悟，復隨侍過蔣山，五載不自衒鬻，亦未嘗得其許可，遂辭歸蜀。密庵潛乘小肩輿，前詣五里，袖中出語餞之曰：「萬里南來川藞苴，奔流度刃扣玄關。頂門戳瞎摩醯眼，去住還同珠走盤。」破庵住夔府卧龍，始通法嗣書。時密庵在天童，謂育王佛照曰：「元來川僧有道義。」佛照曰：「待你知得，遲了。」蓋密庵平生怕川僧，不肯掛搭，而佛照喜川僧，堂中大半是也。

妙峰喜禪師，住台州惠因，開爐示衆云：「翠雲隨例也開爐，撥盡寒灰火也無。」竪起拂子云：「拈起死柴頭上底。」吹云：「不知誰是赤鬚胡。」高原聞之，薦於青山鄭公，公云：「見説他住壞人院子。」原云：「佛法也要人撑拄在。」後居臨安永教，公果付下省劄，請住小瑞岩，再見佛照於育王，以風旛語直箭鋒機。佛照贈之以偈云：「今日爲君通一線，斬丁截鐵起吾宗。」妙峰，劉氏，晚年叢林以「老劉」呼之。

衢州報恩百拙登禪師，和州烏江人，族閔氏，應庵晚子。初有見時，言夜半如白晝【二】。示學者曰：「道人相見莫週遊，大地都盧是一州。信手拈來信手用，始知大地一毫收。」又曰：「道人相見勿哆哆，一句可以定干戈。得失是非都拈却，不知那事復如何？」住報恩三夏，賦性絶雕飾，機語皆質直，故有「百拙」之號。

野雲南禪師，會稽人，表裏端勁，先於無用會中爲園頭，有契悟。後瑞世，示衆云：「霜風落木，鴈陣驚寒。生身父母，露出心肝。觀音菩薩，嗔霍不盡，失却鼻孔，且喜諸人，天下太平。」又云：「百計推尋，永不見面。一時休去，在處逢渠。長連床上，喫粥喫

【二】言夜半如白晝　「白」原作「曰」，據京都本改。

飯，取飽爲期。我且問你，常住一粒米，是幾番過手？」烏虖！楊岐之道，至大慧大振，語言機辯，胥江八月之濤，莫能遏者也。無用衹以其親切底接人，亦無敢湊泊。晚始得野雲，此等示衆，真無用親切語，未知孰爲優孟，孰爲孫叔也，不忝爲佛日之子孫矣。

淳庵淨禪師，《蜘蛛頌》云：「立處孤危用處親，一絲頭上定乾坤。渠儂不是誇機變，要與衆生斷命根。」爲人所誦，尤能節儉省事，不勞役人。亦如舜老夫，炙灯掃地皆躬爲之。

退庵奇禪師，預印別峰室于徑山。別峰纔望見其來，失喜，下床接之，不復爲衆舉話。退庵恐妨衆，後惟未至，住金山。普説云：「便恁麼散去，早是辜負平生了也，那堪更進前咨詢。某甲等爲生死事大，無常迅速，不堪爲種草，若是互爲賓主，成法爲人，却較些子。此爲已徹證者説。或者久在叢林，非不用心，不能得箇透徹者，過在什麼處？過在信根不重，半信半疑，似做不做，只是無決定志，又不能全身放下。縱使放得下，做得理路絶處，情識盡處，靜境不戀，鬧境不拘，只與麼浸在死水裹，分明死了活不得，往往多只向這裏著到，若能猛烈靠將去，一撞撞著始得。此爲久在叢林打未到頭者説。若是乍入叢林兄弟，信根純淨，諦聽此事，恰似箇白練絹相似，不受他人點汙，得遇明師，發一片誠心，不願出人前，唯只是要參禪學道，發明心地，資之勇猛，確然以生死大事爲念，十二時中，時時覰捕，驀然泯慮絶知解，如晴空萬里，不掛片雲，何患日頭不出也？日頭纔出，無不照處；　日頭出時，恰似箇什麽？　山野老婆心切，向壁角頭拈出一片陳橘皮，與諸人作樣子。」豈不見壽禪師因普請次，抛下一片柴頭，驀然契悟，便道：「撲落非他物，縱横不是塵。山河及大地，全露法王身。」這箇時節還計較得麽？　如人飲水，冷暖自知。法眼和尚也曾恁麽，打發一回，便解道：「物物到心上，全心物自閑。古今城郭裏，得者住如山。」可謂真語者、實語者。當恁麽時，不用求殊勝，殊勝自然至。非但壽禪師、大法眼如此，至於三世諸佛、六代祖師、天下老和尚皆不出此。若有别證别解，即是外道法，非是佛法。金山恁麽忉忉怛怛，恰似箇媒人相似，東邊説一歇，西邊説一歇，兩邊説一合，及至到家相見，你自理會，不干媒人事。你若實到家相見一回，便不忍捨也。參禪學道，須到不忍捨處底田地，正好做工夫，如人上山，各自努力。烏虖！　入大爐鞴，上大鉗鎚，等閑發一機，示一境，自不尋常。此等普説，恰似賣田立契相似，東西南北四至，一一爲人指出。

別峰三十餘年坐曲盝床，只得退庵一鱗足矣。

南嶽方廣照禪師，淳素鄙朴，以駡詈爲佛事，學者憚之。有二僧至，照問曰：「天寒歲暮，上座何來？」僧曰：「一家有事百家忙。」照曰：「相見底是阿誰？」僧曰：「某甲與和尚。」照指香臺曰：「面前是什麽？」僧曰：「香臺。」照曰：「將謂收番猛將，元來是行間小卒。」僧喝，照便打。問第二僧曰：「天寒歲暮，上座何來？」僧曰：「不得氣力祗對。」照曰：「聞你攬衆出院【三】，是否？」僧曰：「和尚幾時得者消息？」照曰：「近前

【三】聞你攬衆出院　「院」原作「哾」，據京都本改。

來，與你道。」僧吐舌，照便打，且含胡詬駡曰：「我這裏無米無菜，也來亂統。」以拄杖趂之。照，西蜀人，佛照會中號「照白眉」者，垂示機語不在空叟、鐵牛之下。

橘洲曇禪師，字少雲，嘉定府人。出峽，住明之仗錫，暇日著論，發明佛祖機緣，名曰《大光明藏》，筆勢宏濶，惜未成全書而寂。《論賛丹霞》云：「剗殿前草，騎聖僧項。天寒燒木佛，三事併案，夫豈他人所能？如衡山之雲，軒豁呈露，遽見突兀，不自爲能也。」然時有觀顧悸怖，而喪其所守者，院主是也。等閑放過南陽侍者，而直擒取南陽國師，所謂挽弓須挽强，是此手也。重哀末世疲癃之疾，增損古人必効之方，成大法藥者，宜用元和津㵾下。和平之福，可立而俟也。余見佛智老人，偶閲此，且曰：「學者亦宜於此用元和津㵾下。」洲嘗自撰龕志，略云：「初聽《楞嚴》、《圓覺》、《起信》，復捨去，依成都昭覺徹庵、白水□庵，挈包南來，從先大慧於育王徑山，後見東林萬庵、蔣山應庵，辛苦艱難，始畢平生之願。」則知其涉歷尤艱辛，未聞容易而得也。

慶元府天童無際派禪師，嗣佛照，生於建安張氏。慶元四年，開法常之保安，上堂云：「説即無功有過，不説又是罪過，自今各省已過，無以責人之過。拄杖不應放過，也要從頭按過。」卓拄杖云：「内卦已成，再來外象。」又卓三下：「占得風山小畜【四】，變成澤風大過。」卓一下，下座。初預密庵法席，有《剪紙塔戲俾頌》，頌云：「當陽拈起剪刀裁，七級浮圖應手回。堪笑眈源多口老，湘南潭北露尸骸。」一衆服膺，《讚船子》云：「三

【四】占得風山小畜　「畜」原作「蓄」，據京都本改。

寸離鉤摵一橈，百千毛竅冷颼颼。雖然兩手親分付，要在渠儂自點頭。」《讚靈照女》云：「老爺喪盡生涯後，累汝沿街賣笊篱。不是家貧兒子苦，此心能有幾人知。」叢林稱之。嘉定間，在天童示疾，辭衆上堂云：「十方無壁落，四面亦無門。淨躶躶，赤洒洒，没可把。」喝一喝，云：「幾度賣來還自買，爲憐松竹引清風。」下座，入丈室端坐，泊然而化。壽七十六，臈五十二。佛果下，大慧接人多如馬祖，今獨東庵下爲盛。

螺庵肇禪師，住雪峰日，贊祖師云：「德山棒下桶底脱，蟭螟眼裏乾坤濶。坐斷東南第一峯，百川倒流鬧聒聒。」自題照子曰：「陰崖鳥滅槎頭雪，午夜猨啼竹外煙。莫恠住山無伎倆，騎牛踏破水中天。」余己酉夏，在石翁玉和尚會中，耆宿猶能言之，今僅憶此二贊云。

金華元首座，剛峭簡嚴，叢林目爲飽參。見等庵於白雲，始了大事。僧問：「如何是佛？」曰：「即心是佛。」問：「如何是道？」曰：「平常心是道。」問：「如何是祖師西來意？」曰：「趙州道底。」聞者皆笑。後有僧問：「如何是佛？」曰：「南斗七，北斗八。」問：「如何是道？」曰：「猛火煎麻油。」問：「如何是祖師西來意？」曰：「龜毛長數丈。」傳者皆喜。噫！若如此辨驗答話，不惟埋没己靈，抑亦辜負前輩。

蒙庵聰禪師，生福州長樂朱氏。少長不侵侮，好狎，年十九，依信之龜峰光晦庵。二十七得度，即告以欲隨衆，專一體究己躬大事，免以衆務爲役。庵笑曰：「汝要緊參禪那，佛法在一切作用處，尋常行履處，何懼事務奪？即今且限一月日，如不了，決罰不恕。」退以「佛法在尋常行履處」，寫貼於牕上，脇不至席者半月。庵時時默探之，見其作意太猛烈，私念云：「此子若不悟，恐狂去。」一日，聞搐鼻有泣聲，云：「啞！壞了此子。」詢問，乃知俗家訃音至。庵舉意曰：「這裏好與一槌。」即喚來問曰：「汝有什麽事？」且道以父亡。聲未絶，庵扭住與一掌云：「許多無明煩惱，甚處得來？」又一掌，當下疑滯冰釋，即禮謝，衝口呈偈曰：「了了了，徹底了，無端赤脚東西走，踏破晴空月一輪，八萬四千門洞曉。」庵曰：「這鈍漢，且放三十棒。」曰：「某甲亦放和尚三十棒。」曰：「再來「你看瞎漢，使敢亂統。」自此機鋒峻捷，無敢當者。庵臨寂時，付以法衣，并偈曰：「再來毒種，元聰侍者，叵耐吾宗，滅汝邊也。」且曰：「異曰不得辜負老僧。」曰：「即今亦不少。」曰：「恁麽則三十年後，此話大行。」曰：「蒼天中更添寃苦。」瑞世龜峰，爲晦庵嗣。後遷六處，被旨住徑山十四夏而寂。烏虖！蒙庵於晦庵之門，燒尾鱗也，如烏窠得會通，無三登九到之勞，雖曰師資緣合，顯微一貫，如印印空，了無朕迹。非介而勇、願而專者之驗歟。

笑翁堪禪師，初遊方，抵明之太白。無用問曰：「汝行脚僧耶？遊山僧耶？」曰：「行脚。」又問：「如何是行脚事？」翁以坐具摵之。無用曰：「此僧敢捋虎鬚，參堂去。」一日，室中舉「狗子無佛性話」。擬開口，無用起擧行篦，翁應聲曰：「大荼毒鼓，轟天震地，轉腦回頭，橫屍萬里。」無用然之。翁平生未嘗以言狗物，以色假人。

自牧謙禪師，西蜀人，温雅博喻。雙徑蒙庵之嗣，入閩住鳳山，遷鼓山。時高州文學劉鎮叔安謫居最久，間往咨參。一日，問曰：「某甲參得禪麽？」曰：「人人有分。」曰：「即心是佛，如何是非心非佛？」曰：「不許夜行，投明須到。」劉因此留心佛法，自牧後在雪峯室中問學者，雪峰有句子，僧曰：「請和尚道。」自牧以拄杖趕出。如此爲人，契機者少。

妙峰善禪師，住杭之靈隱。丞相青山鄭公因天童闕人，奏勉其行，答以「年踰耄矣，尚夜行不休乎？」述二偈辭免，一曰：「剥啄敲門定眼開，驚傳鈞翰入山來。倚岩枯木摧殘甚，空費陽和到一回。」二曰：「鼻繩掣斷已多年，老倒松楸澗草邊。相國恩波如海潤，何妨乞與日高眠。」嘗拈魯祖見僧面壁云：「費力不少。」瑞岩主人翁云：「即今亦不少。」妙峰晚年，足不越限，晝夜惟擁楮衾兀坐，垂示語言，皆發藥人。鄭公題其録云：「師於佛法中，橫驁直貫，曾無留難。如方圓器，滿貯虚空，不可執著。如七寶山，湧智慧泉，悉具法味。」可謂知言矣。

慶元府天童如淨禪師，頎然豪爽，叢林號曰「淨長」。《禮真歇塔》偈云：「歇盡真空透活機，兒孫相繼命如絲。而今倒指空腸斷，杜宇血啼花上枝。」示衆云：「心念紛飛，如何措手？趙州狗子佛性無，只今無字鐵掃帚。掃處紛飛多，紛飛多處掃。轉掃轉多，掃不得處拚命掃。晝夜竪起脊梁，勇猛切莫放倒。忽然掃破太虚空，千差盡豁通。」宗趣可知矣。有問：「瑞世嗣誰？」曰：「如淨。」問：「道號謂何？」曰：「淨長。」後於太白山感疾，退席，下涅槃堂，始大哭，爲鑑足庵燒香。入寂時，侍者告以法堂寶蓋鏡墮於座上，曰：「鏡枯禪至矣。」如其言。

高原泉禪師，令聞素著，瑞世慶元梨洲。有問：「囊錐已露，至實難藏，四衆側聆，願聞法要。」曰：「截舌有分。」問：「恁麼則一句超今古，禪徒息萬機。」曰：「又恁麼去也。」問：「如何是梨洲境【五】？」曰：「猨啼古木，月照高峰。」問：「如何是境中人？」曰：「匙挑不上。」問：「人境已蒙師指示，向上宗乘事若何？」曰：「且待驢年。」四衆拭目傾耳。

空叟印禪師詣育王，時佛照法席鼎盛，頌善才者累紙。空叟有云：「童子纔生，河沙福聚，凛然氣宇如王，覺城東際，智願已全彰。展轉參尋知識，不移寸步。歷遍南方無窮事，風高月冷，煙水渺茫茫。一聲彈指處，毗盧樓閣門户盡開張。塵塵頓現，法法圓常，都是夢中境界。惺惺後滿面慚惶，歸來也重遭摩頂。□□雪上更加霜。」衆推之，後空叟道益聞著，亦住育王。

浙翁佛心禪師云：「空東山荅余才茂借脚書，真閤老子殿前一本赦書也。今之諸方，道眼不知若何，果能受持此書，則他日大有得力處。」書云：「空，本巖穴間人，今雖作

【五】如何是梨洲境　「是」原作「如」，據京都本改。

長老，只是前日空上座。貴住有無，一付知事，豈敢涉私，盜用常住，結好貴人【六】？或用資給俗家，或有接陪知己。今之帶角披毛，償所負者，皆此等人也。先佛明言可不懼哉！願公勿置我於此輩中，則公之入帝鄉、求好事，前途未易量也。逆耳之言，不知以爲如何？」佛心每以此舉似於人。璨隱山亦云：「常住金穀，除供衆之外，幾如鴆毒。住持人與司其出入者，纔霑著，則通身潰爛，律部載之詳矣。」古人將錢就庫下回生薑煎藥，蓋可見。今之踞方丈者，非特括衆人鉢盂中物以恣口腹，且將以追陪自己，非泛人情，又其甚，則剜去搜買珍奇，廣作人情，冀遷大刹。只恐他日鐵面閻老子與計筭哉！因併録之。

臨安府淨慈退谷雲禪師，初在銕庵一大禪會中爲侍者，值其開室，問：「國師三喚侍者。」谷以手揜其口。又問：「侍者三應，又作麽生？」谷拂袖徑出。後得佛照印可，且謂其機語如雪堂行，及得旨住明之育王，時佛照居東庵，父子相從之樂，昔未有也。退谷，生福州閩清黄氏。

寂照明首座，孤風超絶，生緣福州長樂，多見宗匠。嘗有頌曰：「大事未明喪考妣，既明雪上又加霜。曾聞三峽猿啼苦，鐵作心肝也斷腸。」晚自浙歸閩，幹漏澤園，頌曰：「劒刃翻身能有幾，無端平地死人多。從頭唤起重烹過，未免依前埋没他。」可見其人矣。不肯出世，終老於白雲古寺閑房。中樞相鄭公性之、尚書陳公韡居私第，嘗躬詣而問道焉。瑩《雲卧》謂：「臨卭復首座，曾見尊宿來。」演祖待以父執，始終一節，亦足以增懿緇

【六】結好貴人　「貴」，原作「常」，據京都本改。

林，豈特高踞雄席，然後爲榮哉！吾於寂照亦云。

浙翁佛心禪師，雙徑法席，人物林立，嘗撫膝云：「你向者裏下得轉語，不空過一夏。」有云：「覿面相呈，更無回互。」有云：「疑殺天下人。」皆被叱，謂不可趂口快。佛智老人時在侍旁，緘嘿而已。老人後爲拈香云：「千鈞上絃，當時遼天索價；一言道盡，不合貼地相酬。只今驀路相逢，諱不可得，避亦無由。禮拜燒香，將錯就錯，何故？覆木難收。」又云：「説大脱空，用無轉智。當時打向面前過，驀被以手一畫，三十年悔不可追，恨不可消，曲不可直。只今白浪堆中，我遮一鍬。」插香云：「莫恠拈出，大宗師家拈出一絲毫，牽動四世界，更無一絲毫踈漏處。」此語皆是相見時話，入道時之因緣也。

泉州法石隱山璨禪師，上堂云：「德山棒如雨點，臨濟喝似雷奔。隱山當時若見，一時趂出三門，爲什麽如此？當門不用栽荆棘，後代兒孫惹著衣。」佛涅槃云：「我佛本不降生，今日何曾入滅？若道非生非滅也。是眼中著屑。汝諸人瞥不瞥，畢竟喚今朝作甚麽時節，一度風來一度寒，一回飲水一回噎。請看陌上桃花紅，盡是離人眼中血。」垂示類此。隱山，泉之晋江人，性褊躁，好貶剝，自謂業林一害，瑞世下生。嗣涼峰空退庵，此庵乃其大父云。

高原泉禪師，住梨洲，荒陋寂寥。無準爲首座，荆叟爲維那，雙杉在會下。原夜坐，舉：「江月照，松風吹，永夜清霄何所爲？」荆叟曰：「覷著冰河連底凍。」雙杉曰：「牽來好與頂門槌。」原默然。壯歲時，已得奇退庵許與矣。

丞相蔣公芾，居建昌，時號「莫齋居士」，婁詣光孝寺，問道於璨隱山，聞舉狗子無佛性話，擬下語，被喝住。呈偈曰：「眼前一座鐵壁，拄天拄地黑漆。今朝瓦解冰消，一段孤明歷歷。」又被喝出。後請益，得示以清素侍者語兜率悦，可能入佛，不能入魔，涣然冰釋。述偈曰：「翻著襴衫倒著靴，横拈竪放惣由他。入魔入佛尋常事，一段風流出當家。」又曰：「淫坊酒肆飽經過，一曲尊前囉哩囉。打鼓看來君不會，大家把手上高坡。」隱山深肯之，即陞堂告衆。有「隱山撾鼓爲證明，千古叢林一盛事」之句。

天目禮禪師，在鄮峰。時佛照開室，舉：「風動幡動者，僧如何？」答曰：「物見主，眼卓竪。」照曰：「不是風動，不是幡動，甚處見祖師。」答曰：「揭翻腦盖。」印空叟隨後入室，照復舉前話，叟答曰：「貪觀白浪，失却手中橈。」照曰：「老老大大，作者箇語話。你看適來後生子下此一轉語。」天目在佛照會中依止三年，因不受書狀職，過靈嵓時，癡鈍亦舉前話，答亦如前。鈍曰：「此語只育王會中用得，我者裏飯水也未到你喫在。」烏虖！二大老接人如此，宜爲萬世師也。

少室睦禪師，在瑞嵓，偶鳳山礪老持松源像請賛，賛曰：「開口不在舌頭上，話墮也。大力量人擡脚不起，未爲分外。平生用者些兒，却被鳳山捉敗。瑞嵓與麽賛揚，也是送賊入界。」少室宗眼，端正類此。示人非徒從事於語言之末也。

本真書記，福唐朱氏子。棄儒，依資福山主祝髮，出嶺遍參叢度。有特立操行，晚得天童慈航印記，即歸里之杉溪卓庵居焉。奉己甚約，食僅足而已。嵓谷幽遠，水木清華，眇然絶俗離世，若將終身。有偈曰：「茆庵卜築向溪南，踪跡惟饒野鹿參。昨夜蒲簷霜月白，最憐松葉落鬖鬖。」又曰：「高懸椶拂與笻枝，覿面相呈早費辭。此外更無親切句，不知若箇解尋思。」豈非高尚其志者歟？或議其不得激發後學爲不幸。予謂以椶拂笻枝示人，止此足矣，又何必别求語言哉？

秀嵓瑞禪師曰：「大慧和尚舉趙州一日在佛殿上見文遠禮佛，以拄杖打一下。」遠云：「禮佛也是好事。」州云：「好事不如無。」頌曰：「文遠脩行不著空，時時瞻禮紫金容。趙州拄杖雖然短，腦後圓光又一重。」大圓見曰：「妙喜作用不減嵓頭、死心，肯來商確，可謂光前絶後。今爲改末句必來，但恐不得相見矣。」改云「劃破華山千萬重」。大慧聞之，果欲詣見，而大圓已遷化，只題其録云：「七佛命脉，諸祖眼睛，但看此録，一切現成。」二老相敬如此。今無復見其人，氣燄猶迫人。烏虖！二大老故無復見，秀巖亦已矣。因緣而識之，有能於筆語外著得隻眼，庶免三人證龜也。

卷中

祖賢首座，撫之金溪人，人品高妙。得法於癡鈍，久留閩南，欲歸鄉，至義江有感而反，焚綾牒，與歸竟嘉編茅，隱於莆之土囊山。嘉既赴福師長生之招，即遷于黄山篠塘，自杇土室僅容膝，扁曰樂此。遠近者聞之，始供以粟焉。居二十年如一日，郡侯曾公用虎高其風，以囊山慈壽虚席禮請，不赴。嘗譔《十不去》以見意，末章云：「十不去，止此便爲諸佛土，假饒天子詔書來，向道不須生事故。」復齋陳公宓，與論「持敬」二字，答云：「敬足矣，何用持爲？」遷化後，玉堂林公希逸祭以文，略曰：「六經之外，得此良友。」余近與方、劉諸公遊石室，晚造其故廬，月色清朗，松聲蕭騷，慨然想見其高標逸致也。

鐵鞭韶禪師，直諒不窺密。福州緜亭人也。赴温陵光孝請，開堂祝聖。拈香罷，乃云：「喚什麽作第一義？莫有旁不甘者麽？出來道看。」時有僧出問「頂顙摩醯眼卓竪」，拈拄杖，卓一下，云：「住、住，今日開堂，不比尋常佛事。設問答到彌勒下生，鉤鎖連環，盛水不漏，也只是鼓粥飯氣，於自己了没交涉。所以道，問不在答處，答不在問處。問答交馳，如青天轟霹靂，看者不容眨眼，那堪更向言中定旨，句下明宗，大似緣木求魚，守株待兔。殊不知我宗無語句，亦無一法與人，這裏徹去，皇恩佛恩一時報畢。其或未然，更爲錦上添花。」復卓拄杖，下座。有《八會録》行世，審聲以知音，審音以知樂。

覺庵趙贇府，看釋書有省，休官依翠微，乞名惟覺，裂冠薙髮，具毗尼。後居山，有偈曰：「氣衰力憊不堪言，得意濃時便息肩。棄俗棄官兼棄欲，由人由命更由天。飢來爛煑黄粮飯，困後和衣白日眠。山鳥一聲驚夢覺，不知今夕是何年？」可謂幽人貞吉，中不自亂也。

破庵先禪師嘗曰：「今時兄弟，做工夫不索性，所以不見效驗。我行脚時，密庵住衢州烏巨山，我在彼中充知客。解職了，往見水庵于雙林，兩廊長，我每夜不睡，從東廊行到西廊，提起話頭做工夫，行三兩匝了，歸堂中打一看【一】。上下間兄弟，一似爛冬瓜相似。覷了自思量道：我若不著便，也似者一堂爛冬瓜，討什麼椀子？我在那時，做得些工夫，室中也開得口，只是命根未斷，心下畢竟不穩。遂起單，至平江萬壽僧堂前歇。那時是灯止庵住萬壽，是無鼻孔長老，粥罷打鼓入室。我心裏欺他不去，有同行去入室了，却來問我：『你去入室也未？』我謾同行云：『我去入室了。』又却自思量道：他是我同行，我謾他，心下未穩當，漸要歸川去，却是如何？如此思量，心中躁悶，遂行入僧堂後去。忽然舉頭見『照堂』二字，從前疑情頓釋，迤邐上蔣山，再見密庵，室中無不契合。」破庵參禪如韓信軍孤在水上，必死無二志，所以勝也。

秀巖瑞禪師上堂，舉馬祖「日面月面」。後來水庵頌云：「日面月面，胡來漢現，胡

【一】歸堂中打一看　「看」原作「著」，據京都本改。

漢不來，清光一片。」拈云：「見馬大師未可。」秀巖也有頌：「日面月面，磚頭瓦片，踢倒淨缾，撼動門扇。」舉老宿一夏不與僧説話語。拈云：「者僧正是飯蘿裏餓死漢，老宿著甚死急，恁麽見解，唤來痛打一頓，趂出三門。爲甚如此？爲人須爲徹，殺人須見血。」烏虖！爲拙庵拈出底，木庵處得來，語在叢林，話在人口。雖然，要見秀嵓，猶隔海在。

江西雲卧瑩庵主曰：「徑山謙首座歸建陽，結茅于仙洲山，聞其風者，悦而歸之。如曾侍郎天游、吕舍人居仁、劉寶學彦脩、朱提刑元晦，以書牘問道。」時至山中，有《答元晦》，其略曰：「十二時中，有事時隨事應變，無事時便回頭，向這一念子上提撕，狗子還有佛性也無？趙州云無。將這話頭只管提撕，不要思量，不要穿鑿，不要生知見，不要强承當。如合眼趒黄河，莫問趒得過趒不過，盡十二分氣力打一趒。若真箇趒得，這一趒便百了千當也。若趒未過，但管趒，莫論得失，莫顧危亡，勇猛向前，更休擬議。若遲疑動念，便没交涉也。」謙嘗從劉寶，學請住建之開善，向與雲卧同侍大慧最久。劉朔齋云：「文公朱夫子，初問道延平，篋中所携，惟《孟子》一册、《大慧語録》一部耳。」

臨安府淨慈北磵簡禪師《賛茶陵郁》云：「進步竿頭擲斷橋，太虚凸處水天凹。古今喫擲人多少，不似闍梨這一交。」《賛靈照女》云：「屋裏横機抗老爺，門前歛手揖丹霞。娘生爺養好兒女，也有許多無賴查。」叢林多誦之。淳祐丙午三月晦日，書偈云：「平生無伎倆，赤脚走須彌。一步闊一步，三更過鐵圍。」且曰：「翌日可行矣。」至期，趺坐而滅。中舍程公公許奠以文，略曰：「踞南山頂，垂綸千尺，湖水渺瀰，魚寒不食。示病及期，體癯神逸，維莫之春，參徒雲集。師顧而笑，吾歸有日，題四句偈，兹爲絶筆。及孟夏朔，泊然入寂。師昔所證，本自緜密，末後一著，乃見真實，是爲實録。」噫！老磵神情秀特，博學强記，而喜爲文，得法於東庵佛照，昔甘露滅、瑩仲温皆見地明白，其可以文字多之。老磵委順時，尤殊特若此。

參預真文忠公德秀與雙徑崧少林同里閈，相與講道，翰帖往來，無歲無之。一帖云：「甲子乙丑年間，在延平，嘗夢至一所，十六羅漢在焉。其中相好端嚴者，忽開目相視，微笑曰：『得大堅固力。』俄而天樂浮空而至，音節之妙，絶異世間，遂寤。今將三十載，佩服不忘。近於夢筆得閑山一片，築小庵其上，欲以大堅固力爲銘，擬得吾師一偈，以開發蒙滯，等覺亦舊遊也，其能忘情乎？」余見此帖於徑山三塔庵。烏虖！西山可謂三十年一夢而覺矣，欲銘大堅固力，寐語作麼？何必佛行重説偈言。

慶元府小靈隱栢巖凝禪師，性簡亢，無所交接，乃息庵法嗣。住金文日，提綱云：「盡大地是箇住處，不用强安排；盡大地是箇當人，何須求影迹？東邊住喚作東邊長老，西邊住喚作西邊長老。翻來覆去，横倒竪直，一月之間，做出許多不唧𠺕。雖然，你要見凝上座，又却在那邊更那邊，你不要見，又却在你諸人眉毛眼睫上。如是而住，如是而説。一箇舌頭分作兩橛，且道那箇舌頭。」顧左右云：「了。」大抵步驟熟，如籋雲汗血，無蹇態也。

秀巖瑞禪師與無用、松源入閩，見乾元木庵，問：「近離甚處？」曰：「鼓山。」曰：「恰欲得鼓山信，將得來麽？」巖展兩手。庵曰：「參堂去。」俾其執庫務，亦不憚勞，庵陰奇之。洗衣次，庵曰：「作什麽？」巖提起衣。庵曰：「答話也不會？」巖擬議，庵便掌，忽省發。後住明之育主，爲佛照嗣。庵聞之，寄以偈曰：「媽媽年來齒髮踈，心心只是念奴奴。一從嫁與潘郎後，記得從前梳洗無。」余昔預石門會和尚法席於九峰，聞其言如此。

鐵鞭韶禪師，剛正孤硬，以大法爲重任，住吴門承天，廣架僧堂，以延衲子。室中舉「狗子佛性話」驗之，少有契者。元雙杉時在會中，投偈云：「狗子無佛性，一正一切正。寰中天子勑，塞外將軍令。」鐵鞭領之【二】。

笑庵悟禪師周氏，居蘇之常熟，久侍才無等，復與松源同扣密庵。密庵曰：「爾平生見處，試語我來。」隨通所見，曰：「未在，參堂去。」笑庵後於僧堂中見剔燈省悟，室中横機無所讓。頌德山入門便棒云：「倒嶽傾湫與麽來，小根魔子謾疑猜。神駒一躍三千界，空説門前下馬臺。」密庵聞而喜。昔松源在衆時，踈於世事，笑庵微細皆任責。及源住靈隱，庵在里之靈巖，具舟抵杭訪之，到門三日，方得相見，無慚色。後源赴法華招，又以靈隱力舉自代。前輩所見，異於流俗，與今人一語或訛，終身爲恨者，大有逕庭也。併

【二】鐵鞭領之　「領」，疑爲「頷」之誤。

書此爲後來龜鑑。

笑翁堪禪師，門風壁立，氣盖諸方。初住台之報恩，台舊無律宗，師與郡守齊公碩議合十寺爲一，築壇唱南山開遮持犯之法，風厲後學。及遷平江虎丘，閫帥王公居安，復以雪峰招之，且貽書廟堂，謂南方佛法不競，須賴作興，得旨乃行。未幾，詔住杭之靈隱，忽僧持釋迦出山像請贊，即書云：「半夜逾城，全無肯重。端坐六年，久靜思動。衲卷寒雲下雪山，與人相見又何顔？」

松源岳禪師由虎丘遷靈隱，老而聵，叢林呼爲老聵翁。以所傳白雲端和尚法衣亟欲付人，垂三轉語云：「開口不在舌頭上，大力量人爲什麼擡脚不起，大力量人爲什麼脚根下紅線不斷。」而無契者，留衣塔下，曰：「三十年後，有我家子孫來住此山，以此付之。」遂告寂。石溪後亦由虎丘奉旨而至徑，拈衣云：「大庾嶺頭，黄梅夜半，爭之不足，讓之有餘。而今公案現成，不免將錯就錯。」捧起衣云：「敢問此衣，白雲傳來，松源留下，明什麼邊事？　惱亂春風卒未休。」今佛海留於雙徑傳衣庵，其復有所待耶。

絶照鑒禪師，初住里之乾元，佛生日上堂云：「老鼠雖無三寸光，徧天徧地起灾殃。命根落在乾元手，消得當頭一杓湯。」由是名播叢林。後遷鼓山，學者瀾趨雲萃，晚年玉几論薦，惜乎命將下而寂矣。絶照，福州人，嗣訥庵。

肯庵圓悟禪師，建寧人。天姿閑暇，居武夷山餘十年，因聽牛歌悟道。嘗有偈云：

「山中住，不識張三并李四。只收松栗當齋粮，靜聽嶺猿啼古樹。」瑞世於福唐天目禪苑【三】。嘗授儒學於晦庵朱文公，與師辛公棄疾爲同門友。因以黄檗延之，入寺，有譏其行李數十檐。辛聞之，蹙然不樂。後過都運，黄公環同訪之，且曰：「有道之士，三衣外無長物，多多益辦，不爲道人累乎？」庵笑不答。徐而共觀諸老手帖，因盡揭籠篋示之，皆古德墨蹟，紫陽書翰。辛有慚色。

寒齋高士林公公遇，字養正。棄官無經世意，惟與山林負大法者講明此道。寄竹溪林公希逸云：「此事何須向人説？有耳如聾真秘訣。此事何須向人語？有口如瘖真活句。盲聾瘖啞是仙方，箇中別有長生路。長生路，亦無朝，亦無暮，亦無今，亦無古，亦無萬象與森羅，亦無山河并國土。長生路，在何許？不待丹誠自輕學，只在目前無尋處，要尋只在無尋處。」寒齋所著述《心鑑録》，有補於吾教。後村劉公銘其墓云：「猗公所立，與天壤俱。起乎晝前，復于性初。以爲釋耶，則踐乎實；以爲老耶，不放乎虛。探千古之秘寶而獨得，叢一世之苦淡以自娱。余所述者，迹之區區，若君之心，不可擬摹，有欲求之，于君之書。」此名言也，勿問元吉。

東山源禪師，初在癡鈍室中，聞舉如何是大道之源，下一喝，述偈曰：「大道之源立問端，老魔徹底自欺瞞。誰知家醜難遮蔽，一喝當陽雷破山。」久從老佛心於徑山，證徹閫域。歸閩，投以偈曰：「揭翻腦盖笑談間，槃走珠兮珠走槃。一段風光攔不住，堂堂擺

【三】瑞世於福唐天目禪苑　「天」原作「大」，據京都本改。

手出長安。」時淩霄會中人物如林，清鐵脚阡都寺咸在焉，皆趂韻餞之。後出世嗣佛心，東山與參與徐公清叟爲方外友。公帥閩日，以雪峰招致。離蘇之虎丘，至建上，順寂于光孝，悲夫！

雙杉元禪師，戒行嚴潔，住秀之天寧。小參，舉：「應庵室中問密庵如何是正法眼？」庵云：「破沙盆。」拈云：「者些説話，如丫叉路口多年一條爛木頭，風吹日炙，誰敢覷著？忽被箇健兒駄將去，上面元來有官印。且道印文在什麼處？五陵公子少年時，得意春風躍馬蹄。不惜黃金爲彈子，海棠花下打黃鸝。」薰石田特稱之。雙杉，生於福州福清鄭氏，先有温蘿庵，後有密庵，繼而邃僻、雙杉也。邃僻即其俗門叔父，法門落髮師，清如源者，見趣操行尤卓然。鄭氏所出尊宿，可謂盛哉。

枯禪鏡禪師，清苦古朴，太師史衛王尤致敬之。初接見，即問曰：「踈山曹家女，始末如何？」枯禪厲聲曰：「相公與麼問？失却一隻眼。然則祖師垂示，可得而箋注耶！」左右愕然，王笑而已，遂進席徵詰論辯。至夜分方散，惜當時無人與記録耳！枯禪每見求掛搭者，則先令撤去白領，剪除濶袖，方許相看。

鼇峰定禪師，福之長溪人，嘗過毗陵。時思庵依無際，值開堂，舉「釋迦、彌勒是他奴，他是阿誰？」定曰：「不會。」又舉似之。又曰：「不會。」無際揕住曰：「一不會，二不會。」定失聲答曰：「泥團土塊。」後於永嘉龍翔文絶象會中分坐，無際在明之大白，詒書趣歸。昔佛智老師亦侍無際，故嘗言之。

安吉州道場別浦舟禪師，師事老佛心，後爲空叟嗣。佛成道上堂云：「釋迦老子二千年摩竭陁國，自云，明星見時，豁然悟道。胡人多詐，知他是實是虛。後來真淨道，今有克文比丘，於東震旦中赫日見時，又悟箇什麽？關西人，没頭腦，爭知是有是無。川僧開口見膽，一句是一句。」拍床云：「是那一句，曾經巴峽猨啼苦，不待三聲也斷腸。」又云：「百丈三日耳聾，馬祖有過無功。臨濟三遭痛棒，黄檗有始無終。虎嵓不行棒，不行喝，成蛇底成蛇，成龍底成龍。」拍床云：「不見道，鶯遷楊柳岸，蝶舞海棠風。」見處穩密，拈出示人，如春行花，月在水，了無朕跡。空叟之門，嶄然而絶出者也。老藏云：「别浦嘉定間與癡絶並驅爭先，惟壽不及癡絶。」烏虖！惜哉。

雙杉元禪師乃柔萬庵之嗣，國史陳公貴謙與弟參預文定公貴誼，於武康龍山剏雙杉庵舘焉。《答國史公編宗鏡書》云：「正欲詣台屏，恭致問訊，藻翰寵臨。伏審，深入宗鏡三昧，辯才機用恣無畏。就揭所録數板，聯珠貫璧，真擇乳鵝王眼腦，深用降歎。但恐日新之證，將棄舊習，於此去取或未一定。如欲啓發多聞强識，使知聖賢地位，不容以智力可挾，用此爲致道之具，求無入非自得之妙。康時濟物，浩然無窮，是以用佛爲真儒之効也。世有局於見聞者，主張門户者，心是而口非之，不得其詳，意在愚人，而不知其自欺，真所謂可憐憫者，觀此亦可意解也。室中三轉語，禪和子窮平生工夫，如應舉三場文字相似，通日夜爲之，猶恐未暇，豈是好趍難而捨易，棄彼而取此。蓋不專工體究，未到大休歇田地，徒成知見解會，障自己眼，倒行逆施。前輩有言，若真箇要打透此事，切不可看此録，將來意識先行，未舉便會，更無可疑，失佛方便，則無入頭處，雖曰利之，其實爲害。陳操尚書是个參禪樣子，對雲門教意尚自拈出。口欲言而詞喪，心欲緣而慮忘，被雲門一期籍没了家財是也。今居士要爲法施大檀越，須金圈栗棘鐵酸餡子用事，勿引人入草窠，反增其粘縛。如何？因筆忉怛，稍暇當請柱杖，以謝多口之罪【四】。」國史公因此開悟。

西山亮禪師《頌趙州勘婆子》云：「飢時定聞飢，飽時定聞飽。婆子在臺山，趙州勘破了。」遯庵可之，出世金陵清真，提唱語言，發若機括。《寄天童癡絶》云：「潦倒西山百不能，隨身賴有一枝藤。東撑西拄消閑日，甘作荒山小院僧。」住四明小靈隱而終。西山，蜀人，性方雅，不喜與俗流交。無準叙其語，稱爲本色宗師者也。

無準佛鑑圓照範禪師，少穎悟，以機辯自將。謁蒙庵于雙徑，庵問：「何處人事？」曰：「劍州人。」問：「還將得劍來麽？」佛鑑下一喝。庵曰：「烏頭子也括噪人。」佛鑑髪黑，時呼爲「烏頭」，後隨侍破庵，因謙道者入方丈請益，躡蹤而往，破庵見謙至，便問：「近日胡孫了如何？」謙曰：「胡孫捉不住。」破庵曰：「用捉作麽？」佛鑑聞之，胷次豁然。

井山密禪師《至節小參》云：「正令全提，十方一團鐵；冥樞坐斷，大地絶行蹤。不

【四】以謝多口之罪　「謝」原作「請」，據京都本改。

是禪，不是道。摩竭提國，三七日中，鐵壁鐵壁；少林山下，九年冷坐，浣盆浣盆。自餘臨濟、德山，總是衆盲摸象。一向與麼荒草連天，拂子俯徇時宜，曲開方便。」《以拂子劃》云：「一劃爲陽。」又劃云：「一劃爲陰。陰陽交感，歲功乃成。忽若乾坤窄，乾坤窄，日月星辰一時黑。且道是陽耶？是陰耶？」《擲下拂子》云：「待石筍抽條即向汝道。」井山，乃枯禪俗門之姪，法門之嗣子也。自幼至長，羽之翼之，如鷹兒出窠，便有沖天志。明師出賢資，信矣。恨不能盡其設施而早世。

建康府保寧即庵覺禪師，嘗與無準同參破庵，後因無準山居，寄以偈云：「吸松風，飽山色，浩養未妨清徹骨。夢覺千嵒杳靄分，興來一笑乾坤窄。霽霞凝雪翠滴滴，泉瀉斷崖聲瀝瀝。故人斯樂我何知？遐跂白雲抱幽石。」《送高源住梨洲》云：「小玉聲中認得些，至今兩眼尚眯麻。阿師不雪鄉人耻，鼎鼎教誰辨正邪。」蜀諸老，如高源、即庵、石田、無準，道價皆爲一時之重，猗歟盛哉。

慶元府雪竇無相範禪師，參松源，開法焦山，龍象駢集，爲新雲竇。無準上堂，舉「楊岐和尚出世」。陞座罷，九峰勤和尚握其手曰：「且喜得箇同參。」岐云：「如何是同參事？」峰云：「楊岐牽犁，九峰拽耙。」岐云：「正恁麼時，楊岐在前，九峰在前？」蜂擬議。岐云：「將謂同參，元來不是。」頌云：「楊岐左眼半斤，九峰右眼八兩。一對無孔鐵鎚，至今收拾不上。」叢林咸以大範呼之，蓋與無準行道同一時也。赴雪竇請，遮還寂。先是紹定辛卯歲旦上堂云：「春來萬彙悉皆新，一段風光畫不成。無事妙高行一轉，不知誰是境中人。」明日，齋退巡寮，登妙高峰且云：「會吾意否？」又明日，赴堂喫粥罷，索湯沐浴，端坐而寂，衆議峰頂建窣堵波。見於佛鑑所記云。

平江府雙塔無明性禪師，性端潔，疾詩謬，《頌開口不在舌頭上》云：「明脩棧道，暗度陳倉。刻舟猶覔劒，夜雨過瀟湘。」《大力量人擡脚不起》云：「只許老胡知，不許老胡會。白雲盡處是青山，行人更在青山外。」《大力量人脚下紅線不斷》云【五】：「放兩抛三，瞞神諕鬼，換盆換盆，誰不識你？」《頌趙州見二庵主》云：「南枝向暖北枝寒，一種春風有兩般。寄語高樓莫吹笛，大家留取倚欄看。」松源首肯之，無明一生，眠食不離清衆，老益精進。惟此一節亦可書，況衲子資其抉擇乎？

栢岩山禪師，福之玉融林氏子，飫遊叢林，所至輙前席。《題畫水波壁》云：「波浪鼓時無點滴，風濤息處即瀰漫。明牕紙鋪休尋覔，壁上行船方好看。」同輩皆稱，歸里住洋嶼、雲門，嗣息庵。砥節礪行，衆所畏服。

中巖寂禪師，天性孤高，示衆云：「過去諸如來，填溝塞壑；現在諸菩薩，裩無頭，褲無口。未來修學人，推不向前，拽不向後。若也會得，同坑無異土；若也不會，君向西秦，我之東魯。」又云：「行亦禪，坐亦禪，終日舉頭不見天；出乎爾，反乎爾，認著依前還不是。拈起則充塞太虛，放下則纖塵不立。不拈起，不放下，鎮州蘿蔔頭，趙州索盡遼

【五】大力量人脚下紅線不斷云 「云」原作「去」，據京都本改。

天價。」又云：「今朝七月旦，夏制將垂滿。更上曲盝床，舉則舊公案。舉得全，鼻孔没半邊；舉不全，舌頭拄梵天。啞！胡亂了也，還我這則公案來。」卓主丈云：「切忌啗啄。」此數語如含沙工于射影【六】，吾恐見之不中其毒者幾希。

天目禮禪師，訪同參不值，偈云：「庭前一樹紫荆花，老子何嘗不在家？若謂弟兄相見了，先師門户隔天涯。」爲叢林誦頌野狐話云：「墮落知何處？憑君子細看。潮來無別浦，木落見他山。」爲癡鈍喜。嘗與北澗同在佛照會中相與提衡，故有「簡川禮竅」之呼。余景定間寓保寧，始見全録。天目預老瞶許可，豈苟然者哉。

短篷遠禪師，平生不設卧具，晝夜枯坐，得「遠鐵橛」之稱。開法餘杭永壽，爲明極嗣。中秋寄同輩云：「一點孤明徹太虚，體無盈缺任方隅。光含萬象珠懷蚌，影落千江井覰驢。馬祖翫時迷向背，長沙用處絶名模。衲僧直下忘標旨，吐七吞三總自如。」不害筆墨遊戲。後住吴門承天。一日，上堂云：「承天一句，言前分付，達磨不會，隻履歸去。」越宿，無疾坐逝。時光東谷亦道行，一力起洞上之宗，無謂無人。

石田薰禪師，眉山彭氏。嘉定間，出世高峰，屋老僧殘。先是，高原、無準、即庵、中喦、石溪諸老徐之，然後請從。開爐上堂云：「高峰門户如灰冷，多謝諸公有歲寒。些子死柴頭上火，大家着力試吹看。」石田住吴門高峰，寥寞荒寒，過於法昌在分寧時開爐，高原宿德咸集，又差勝以一力撾皷，爲十八泥人説法也。

【六】此數語如含沙工于射影　「于」原作「方」，據京都本改。

臨安府淨慈混源密禪師，天台盧氏子。遊泉南，參教忠光晦庵，乃大慧所謂禪狀元者。久而盡得其道，後有示衆云：「恁麽恁麽？掘地覓青天。不恁麽不恁麽？虛空揣出骨。釋迦老子以僧伽梨、正法眼藏分付摩訶大迦葉，生錢放債，換水養魚。世尊傳金襴外，別傳何物？倒却門前刹竿著，不行官路，只販私商。内外中間覓心了不可得，與汝安心竟。家財俱藉没，磉下獲黄金。德山棒，臨濟喝，官抝不如曹抝，情親不如義親。腰間曆日已多時，不用攢龜打瓦。楊岐三脚驢兒，入你諸人鼻孔。雲門以黑漆竹篦，斷衲僧命根。東勝神州火發，燒著帝釋眉毛。西瞿耶尼人忍俊不禁，連聲叫屈。初三十一，中元下七，掛起鉢囊，放下楖櫟，山河大地，日月星辰，三月安居，諸佛菩薩。畜生驢馬，九旬禁足。以大圓覺爲我伽藍，寂滅現前，據欵結案。去年梅，今歲柳，顔色馨香依舊。喝！但願春風齊著力，一時吹入我門來。」閲人語句，須是眼正。究其密説顯説，直説曲説，如恒山之雲，開遮自在，須是同一眼觀，同一意見，方不辜負前輩。混源出處，已備于《嘉泰普燈》。此數語未載。石田謂受虛中，只能詳類事跡，愚謂聯燈去取，真不放過也。

國史陳公貴謙《答舍人真公德秀書》曰：「承下問禪門事，仰見虛懷樂善之意，顧淺陋何足以辱此？然敢不以管見陳白【七】，所謂話頭合看與否，以某觀之，初無定説。若能一念無生，全體是佛，何處別有話頭，只縁多生習氣，背覺合塵，刹那之間，念念起滅，如猴孫拾栗相似。佛祖輩不得已，權設方便，令咬嚼一箇無滋味話頭，意識有所不行，將蜜

【七】然敢不以管見陳白　「不」原作「下」，據京都本改。

菓換苦胡蘆，陶汝業識，都無實義。亦如國家兵器，不得已而用之。今時學者，却於話頭上强生穿鑿，或至逐箇解説，以當事業，遠之遠矣。稜道者二十年坐破七蒲團，只管看驢事未去，馬事到來，因卷簾大悟。所謂八萬四千關捩子，只消一箇鎖匙開，豈在多言也？來教謂：誦佛之言，存佛之心，行佛之行，久久須有得處。如此行履，固不失爲一世之賢者。然禪門一著，又須見徹自己本地風光，方爲究竟。此事雖人人本有，但爲客塵妄想所覆，若不痛加煆煉，終不明淨。《圓覺經》云：『譬如銷金鑛，金非銷固有。雖復本來，金終以銷成就。』蓋謂此也。來教又謂：道若不在言語文字上，諸佛諸祖何故謂留許多經論在世？經是佛言，禪是佛心，初無違背，但世人尋言逐句，没溺教網，不知有自己一段光明大事。故達磨西來，不立文字，直指人心，見性成佛，謂之教外别傳。非是教外别是一箇道理，只要明了此心，不著教相。今若只誦佛語，而不會歸自己，如人數他珍寶，自無半錢分。又如破布裹真珠，出門還漏却。縱使於中得小滋味，猶是法愛之見，本分上事。所謂金屑雖貴，落眼成翳。直須打併一切淨盡，方有小分相應也。某向來雖不閲大藏經，然《華嚴》、《圓覺》、《維摩》等經，誦之亦稍熟矣，其他如傳燈、諸語録、壽禪師《宗鏡録》，皆翫味數十年間，方在屋裏著到，却無暇看經論也。《楞伽》雖是達磨心宗，亦以句讀難通，不曾深究。要知吾人皆是誠心，非彼世俗自瞞，以資談柄而已。姑以日用驗之，雖無濁惡麄過，然於一切善惡逆順境界上，果能照破，不爲他所移换否，夜睡中夢覺一如否，恐怖顛倒否，疾病而能作得主否。若目前猶有境在，則夢寐未免顛倒；夢寐既顛倒，疾病必不能作得主宰；疾病既作主宰不得，則生死岸頭必不自在，所謂如人飲水，冷暖自知。待制舍人於功名鼎盛之時，清修寡慾，留神此道，可謂火中蓮花矣。古人有言：『此大丈夫事，非將相之所能爲也。』又云：直欲高高峰頂立，深深海底行，更欲深窮遠到，直到不疑之地。來教謂無下手處，只此無下手處，正是得力處。」如前書所言，靜處鬧處，皆著一隻眼看，是什麼道理，久久純熟，自無靜鬧之異。其或雜亂紛飛，起滅不停，却舉一則公案與之厮，則起滅之心自然頓息，照與照者同時寂滅，即是到家也。某亦學焉而未至也。姑盡吐露如此，不必他示，恐儒釋不謀者必大怪之。待制舍人他日心眼開明，亦必大笑而罵之。國史公多見宗匠。

大川濟禪師，荷法爲事，狷介無當意者。在四明寶陀，有三句語曰：「寶陀一路，來來去去，撞著聱頭，風波無數。」曰：「寶陀一玄，掣臂揎拳。打失鼻孔，蒼天蒼天。」曰：「寶陀一妙，無人能到。喫飯著衣，阿屎放尿。」住冷泉，示寂，遺囑撒骨不造窣堵，説偈曰：「地水火風先佛記，冷灰堆裏無舍利。掃向長江白浪中，千古萬古第一義。」真一代宗師之模楷，起澗東之道者也。

山陰清首座，得心法於無用，有《椒頌》云：「含煙帶露已經秋，顆顆通紅氣味周。突出眼睛開口笑，這回不戀舊枝頭。」諸方猶能誦，不知爲清所述。或載爲無用作，非也。

夢堂升禪師舉「雪竇示衆」云：「立賓立主，好肉剜瘡，舉古舉今，抛沙撒土。直下無事，正是無孔鐵鎚，別有機關，定入無間地獄。」拈云：「這般漢，須是具緇素眼始得，活句下明得，堪與佛祖爲師，死句下明得，自救不了。且道雪竇恁麽説話，是活句，是死句，待雪竇出地獄，即向汝道。」又云：「達磨示衆，各言所見。小兒鬭百草，到處去尋討。黄昏鬭罷却歸來，不知狼藉教誰掃。」平生提唱，如人倫之有周、孔，鱗羽之有龍鳳。晚年閉户，不喜交接，衲子見之，如登龍門。昔雲盖智，疾禪林便軟暖，道心淡薄，來參者，掉頭不納，聞其容入室，則堂室爲滿。夢堂有之矣。

石田薰禪師曰：「破庵老和尚言禪和子室中下語，總是知見解會，如何了得，須是向言句外，臨時別有意智去，離泥水方得。我舊時行脚歸去，與一同行在合州釣魚掛搭。彼中亦是一員前輩尊宿。我去入室，再三免我，不肯舉話，及至同行去，却不免他，但拊膝一下，云：『你向這裏下轉語看。』同行無語，番番入室，只是如此問他。同行云：『叵耐這漢番番只如此問，我無可應他。你爲我下一轉語。』老和尚云：『你待他今番又如是問你，但將兩指夾鼻磬他一磬便出。』同行果去，入室依所教。尊宿云：『有人教壞你了。』信知此事，得底人如兩鏡相似，自然彼此不相瞞。做工夫須是省要處做，令到這般田地，方堪爲種草。」

笑翁堪禪師，行丐到泉南，休于洛陽，與一僕夫山行。偶至下生院，古屋數十間，廊卷風葉，寂無人聲。惟見一老僧，雪頂厖眉，負暄于殿陛，徐起止客，坐於僧堂前破木床曰：「何所而來？」翁曰：「來無所來。」僧曰：「因什麽在遮裏？」翁曰：「早晨喫白粥，如今肚裏飢。」僧曰：「不是遮箇道理，速道。」翁指屋角樹曰：「好一株木，得恁麽蒼翠？」二人大笑，相就語移刻，始知老僧嘗見無用來。雪峰玢侍者言此甚詳，惜乎老僧偶忘其名爾。

鐵牛印禪師曰：「《正堂辯和尚與日書記書》云：『若要道行黄龍一宗振舉，切不可絺章繪句晃耀於人。禪道決不能行，古有規草堂，近有珪竹庵，更有箇洪覺範。至今士大夫只唤作文章僧。其如奈何？如公頌三日耳聾與女子出定，非徹見淵源，何爲至此？勿以小小而礙大法，道不獨明辯一己之私，諸方宿老皆如此議。知我罪我，在于此書，萬萬察之。』此語切中今時之病，學者不可忽也。」鐵牛紀載，誠有補於後學，所謂草堂諸老者，見處非不穩當，當時亦未免有此議。嘉定間，薰石田博學能文，痛自掩抑，以此故也。璨隱山初見《元城語録》，喜甚携歸。閲之未竟，即掩卷，侍僧曰：「何初喜之遽棄之？」曰：「衲僧家念念常在乾屎橛上，尚爲雜用心，況世間議論文章乎？」此亦隄防之法，當如是也。先德云：「學者漁獵文字語言，正如吹綱欲滿，非愚即狂。」

閩山居士俞景賢，入浙遍參知識，後見鄮峰用首座，問：「如何是祖師西來意？」用曰：「我欲向汝道，汝還信否？」士曰：「請師道，安敢不信？」用曰：「汝要緊參禪，不可問西來意?」士曰:「何也?」用曰:「西來有甚意?」士豁然了解,拂衣便出。用復召曰:「見什麽便出去?」士回顧,而用喝一喝。士曰:「住,住。」便行,自此歸里,割棄親眷,顒顒獨居嶼上別墅。述偈曰:「錯脚游洪歷浙歸,更無一法可思惟。柴門高掩長江上,誰管風濤鼓是非。」用,見誰庵。

長樂珪藏主曰:「向在南北山與元雙杉同住,見其清約介靜,四威儀中,不忘究竟己躬大事,日間偏要尋僻寂去處,孤坐兀如枯株,夜間睡夢亦提起古德話頭。若囈語,喈喈略可辨,可見其做工夫精專純一,那時便知其必爲法門大器也。每思其人,未嘗不面熱汗下。」見於《斷橋答雲谷手帖》。

嘉興府光孝石室輝禪師,僧問:「明招見勝光,纔跨門,光垂一足,意旨如何?」室曰:「乞兒弄飯椀。」問:「只如招云,伎倆已盡,拂袖便行,又且如何?」室曰:「鈍鳥逆風飛。」室久侍明極,後嗣無準,性介烈,貴勢不敢干以私。住慶元彰聖,官府科擾無節,棄去。府公聞之,雖勉留,不回矣。嘗掛牌首衆徑山,其語穩實。

國史陳公貴謙,嘗在烏回與月林觀禪師夜坐。林曰:「如何是賓中主?」公曰:「頭腦相似。」林曰:「如何是主中賓?」公曰:「横按鏌鎁行正令,太平寰宇斬癡頑。」復隨聲曰:「如何是賓中賓?」月林摇手而笑。噫!公之機辯,猶可想見也。

無量壽禪師,撫州人,《答太師史衛王》云:「佛法在一切處、奏事書判處、著衣喫飯處、致君澤民處、納士用賢處。第一不可擬心尋覓，纔是如斯，又不得也。」嘗首衆鄱陽刁峰，太師以京口金山招之，不出，即遁于隆興感山。晚年始赴台之瑞嵓請。是亦不失爲比丘之大體者矣。

石田薰禪師曰：「既入佛門，喫佛飯，潑天門户，要人扶持，亦須是箇漢始得。況稱長老，名既如此，實當如何？具向上眼目，得大機用，可以開鑿人天，饒益後學，方不孤負『出世』二字。就中下機言之，亦要識因果，勤香火，早晚禪誦不懈，剏新補舊，一切處運真實心，方有少分相應。不可坐方丈領見成，勞者責人，逸者歸己，瞬息之間，頭白齒黄。不問院之大小，衆之多寡，千人萬人叢中亦如此。單丁去處亦如此，二六時中，專以此道爲懷，長久工夫不間斷，故能打發。」石田此語，可謂毒藥苦口，利於病也。

潭州石霜竹嵓印禪師，隆興府人，道味苦嚴，見者莫不肅然心服。抑齋陳公韡帥潭日，以龍牙、福嚴招致，皆不赴。後以石霜請，不得已而應命。僧問：「如何是和尚家風？」嵓曰：「問家風作麽？」問：「如何是佛法大意？」嵓曰：「湘潭雲盡暮山出，巴蜀雪消春水來。」同門秀孤峰、開無門皆推遜之。平生機鍵縝密，語言粹夷，豈非親見月林之力歟。

大川濟禪師，嘗與弁山侍老佛心。弁山偶外幹，不及請假。洎歸，佛心曰：「阡兄兩日何往？」答曰：「未嘗出入。」大川適在旁，叱曰：「參禪人何得妄語。」弁山面赤汗下，自此尤謹語言。昔昭默受死心責，亦類此。湛堂歎其皆良器也。

平江府虎丘坳堂濟禪師曰：「毛髮、爪齒、皮肉、筋骨、髓腦，謂之地；唾涕、膿血、津液、涎沫、痰淚、精氣、大小便利，謂之水。暖氣謂之火，動轉謂之風，此四緣假合而成幻身，須有主宰始得。何謂主宰？試道看。」坳堂，蜀人，嗣息庵、與別浦、癡絕頡頏一時，惜壽俱不及癡絕也。

卷下

蒙庵聰禪師，嘗歸福州，謁木庵於乾元。木庵問曰：「莫是聰侍者麽？」蒙庵稱名未竟，木庵曰：「此事非聰明智慧之所能辯。如何？」蒙庵曰：「通身是口吐不出。」曰：「中毒了也。」蒙庵曰：「莫掩彩他。」曰：「且坐喫茶。」茶罷，木庵又曰：「須知此事不在方册上，不在口皮邊。」蒙庵曰：「畢竟在什麽處？」曰：「鐵蒺藜當面擲。」蒙庵曰：「大好不在口皮邊。」庵便打，蒙庵喝一喝而出。蒙庵既得法於其落髮師光晦庵，以大父事雪堂。復謁木庵於乾元，見密庵於烏巨、水庵於淨慈、誰庵於高亭。始深徹淵奥，是未嘗一日無師友也。欲其法道不昌，可乎？

無準佛鑑範禪師曰：「木平参洛浦，便致一問云：『一漚未發時如何？』浦云：『移舟諳水脉，舉棹别波瀾。』平不契，却往問盤龍：『一漚未發時如何？』龍云：『移舟不别水，舉棹即迷源。』木平便悟去。後來雲峯悦和尚拈云：『木平若向洛浦言下悟去，猶較些子，後來不合向盤龍死水裏浸殺。』住後，有問：『如何是木平？』平云：『不勞斤斧。』果然只坐在這裏，你道他恁麽説話？意在於何？多見兄弟往往商量。移舟不别水，舉棹即迷源，便是死水。如何是木平？不勞斤斧，所以坐在遮裏。若恁麽會去，驢年也未夢見在，遮裏須覷見他古人一些子得人憎處始得。」佛鑑此語，發藥學者不淺，晚年倡中峰之道於雙徑，機用迅駛，如擊石火，閃電光，即此語也。不惟英雋鱗集，今上皇帝亦思問道。紹定六年七月十五日御修政殿，引見說法，賜徽號、金襴，亦此語也。豈有他術哉？

伊嚴玉禪師，嚴州人。初稱名儒，有篤行，中年厭習舉業，專究洛學，忽曰：「是不可以了吾事。」遂裂縫掖，薙鬚髮，學出世法。登徑山，謁老佛心而師事之。久無所契，復往見癡鈍于雪竇，依止三年。一日，忽明得即心即佛話，故有「無毛鷂子貼天飛，千山萬山高突兀」之句。嘗看劉元城《語録》云：「所謂禪一字，於六經中有此理，但不謂之禪爾。及達磨西來，此話大行，據此事不容言，則夫子不答是也。且西來意不必問，而話亦不必答。向上老和尚好玩弄人，故以不答答之。所謂栢樹子者，乃繫驢橛也。後人不知，只守了樹，尋祖師西來意，可一笑也。」讀至此處，曰：「若是當時得聽此語，這裏正好與一錐。」

真源日禪師曰：「馮侍郎濟川、張侍郎子韶，問道於徑山妙喜禪師。師問：『隔物不見道時發何？』子韶對之曰：『今日親覩慈顔。』妙喜云：『隔。』子韶云：『雖然如是，瞞他一點不得。』妙喜却問濟川，對之曰：『不較多。』妙喜曰：『二公對答非不親切，但未見道。如有一物頓在卧房裏，只隔一重壁，爲什麼不見？禪和子說道理，便道十方無壁落，四面亦無門，隔箇什麼？饒你眼似銅鈴，也須是悟始得。』又曰：『禪和子擔板，纔下得轉語，未能依俙彷佛，便言我百了千當。』余頃見佛智老人，亦曰『妙喜横説竪説，切中今時之病。』近來欺世盗名，未得謂得，遞相狐媚，更相印受。視東山直下，不爲佛法罪人者幾希。」斯言，學者並宜識之。

東山源禪師曰：「往年出嶺，初上徑山，其時枯禪做首座立僧。破庵西堂掛牌，一時龍象畢集，如石田、無準皆同在衆寮。破庵尋常室中偏愛舉【一】，經行及坐卧，常在於其中，如何是其中事。亦曾去請益，他一詞不措，臨起單，却作一頌相送，云：『换骨抽筋一句，只欠點頭自許。若能自解知非，便見平吞海宇。』箇便是爲人抽了釘，拔却楔。自此過平江靈巖見癡鈍，時茂業海做前堂立僧，今大慈笑翁、育王大夢，皆在彼中同住，叢席甚盛。癡鈍常云：『詢佛燈四十九日，夜抱露柱悟去。』次上蔣山，見浙翁，因室中舉即心是佛。下語云：『抱橋柱澡洗。』翁云：『有什麼快活？』下語云：『請和尚放下著。』被他打出。後復見巖雲巢、皎中庵，上衢州祥符，見殺六巖，歷扣二十餘員知識，看來無出應庵下兒孫直截緊峭，所以宗枝繁衍。」烏虖！東山於悟門雖大廓徹，猶如先聖得一善，則拳拳服膺而弗失之矣。

真源日禪師曰：「雪巢和尚入室，問僧：『不是風動，不是幡動，仁者心動，那箇是你心？』又云：『不是風動，不是幡動，仁者心動，你向甚處見六祖？』又云：『不是風動，不是幡動，仁者心動，是什麼動？』發明臨濟之奥旨，證驗衲子之眼目，如運斧臨風之手，其

【一】破庵尋常室中偏愛舉　「常」原作「當」，據京都本改。

妙在於一斵爾。雪巢當金虜之亂，曾與大慧同渡江者。大慧笠中藏一金釵爲路費，時時視之。雪巢伺其不意，取而投諸江。大慧愧謝，與之結交。」真源嗣雪巢，以草堂爲大父，故平生語言挺拔〔二〕，有父祖風烈。

隆首座，號南山叟，清源南安人也。壯歲游方，多見尊宿。罷參後，禮業海塔，偈曰：「業火煎熬業海乾〔三〕，尚餘劫石影團團。我來笑罷吞聲哭，昔日船從此處翻。」掃癡鈍塔，偈曰：「生苕帚柄背時貨，樹倒藤枯舊陣圖。一代年來低一代，灼然邪法實難扶。」南山與無隱、雙杉、荆叟，同侍癡鈍爲最久。

西蜀保福晦嵓暉禪師，通泉白氏子。嘗與肇諾庵、道谷源、開掩室同參松源，密契真要。歸里，三主道場，遠近敬鄉，道化益盛。《散夏小參》云：「大智洞明，十方融會，騎聲蓋色，邁古超今。不可以寂默通，不可以語言造，是以大覺世尊於摩竭提國三七日中無啓口處，及至四棱蹋地，盡力提持，只道得箇是法，非思量分別之所能解。」又道：「是法不可示，言辭相寂滅。恁麽揭示，譬若斷崖落石相似，看者不容眨眼。除是一念知非，前後際斷，全體擔荷得去。是真精進，是名真法供養。如來一會，靈山儼然未散，如是時時禁足，念念護生，又何必九十日中無繩自縛。然雖如是，衲被蒙頭萬事休。」此時山僧都不會，語悉類此。癡絶在蔣山題其録云：「大隨和尚道：我參七十餘員善知識，具大眼目者，只得一二，其他皆具正知見。予三十年前在叢林中與晦嵓游，當時具大眼目者，惟老

〔二〕故平生語言挺拔　「拔」疑爲「拔」之誤。
〔三〕業火煎熬業海乾　「火」原作「父」，據京都本改。

松源一人而已。歲次庚寅仲秋，其徒寶日携主東林提唱之語，乞予編次，由是開帙縱觀，一字一句，造次顛沛，皆有從上大眼目體裁，非徒從事於語言之末。是知松源之道盡在是矣。烏虖！去古既遠，師法益壞，正知見者艱其人，大眼目者可知矣。晦嵓雖話行於吾蜀，此録流播江湖，是可爲斯道之歃盟。若善觀者，始信吾言之不妄。」癡絶亦有所激而云。

福州聖泉岊翁淳禪師，天姿軒特。嘗坐夏雪峰，值重架鼇山閣，作偈曰：「夜半天崩地陷休，一莖草上現瓊樓。儂雖先後不同步，月幌風欞一樣愁。」時競傳誦。雲巢、無準向嘗與同行，皆誠敬心服。叢林間，禪者與決可否，議論鋒發，戲以「禪判官」呼之。

潭州大潙泉山初禪師，字子愚，泉州陳氏子。始業儒，稱鄉先生。後因看趙州語有省，剃髮受具，遍參知識，爲永木庵高弟。嘗記里之承天寺僧堂云：「承天大僧堂再造，以照堂，明樓在前，任其勞者道本從賁，經始於秋，迄事於冬。了空於是涓辰率徒入而居焉。寔嘉定六年十二月十九日也。比丘太初記。」僅九十二字，西山真公典是郡，見而喜。後在湖南，專書招之，住潙山二十年而寂。

嘯巖蔚禪師示衆云：「一年三百六十日，今朝恰是結交時。且道天衣將甚與人分歲。」拈拄杖云：「一不做，二不休，爛烹石虎，活剥泥牛，已是滿盤釘出了也。」卓拄杖云：「三德六味，施佛及僧，法界有情，普同供養。若是粘牙帶齒漢，應笑家風冷淡。一咬見骨底，自然樂以忘憂。雖然如是，明年更有新條在，惱亂春風卒未休。」嘯巖語言如嵇康，長七尺八寸，美音氣，好容色，土木形骸，不自藻飾。人以爲龍章鳳姿，天質自然也。烏虖！可不敬哉！

癡絶沖禪師曰：「予紹熙壬子出峽，夏於公安二聖。時松源倡密庵之道於饒之薦福，旱暵艱於著衆，適西湖妙果虚席，松源舉雲居首座曹源應選，亦密庵之嗣也。聽其入門提倡有省，遂投誠而住。未幾，歸侍司。甲寅夏，曹源有信上龜峰之命，復從其行，留三年出浙。松源由虎丘而遷靈隱。遯庵住華藏，肯堂住淨慈，皆往從之。松源在靈隱，門庭孤峻，八閲月而後得歸堂。凡求掛搭，必呵斥不得親。一日，忽曰：『我八字打開掛搭，他自是蹉過了。』當下始知昔在龜峰三年，曹源怒駡嬉笑，皆爲人之方便也。自此不疑天下老宿，到與不到，瞞我不得。已而隨緣放曠。曹源順寂後二十年，爲人推出，瓣香不敢忘。凡六處所聚，兄弟不可謂無，只是用翳睛法者少，苦哉！吾宗喪矣。今年八十二，時節將至，扶病執筆，直叙得法之由，刻諸龕陰，以昭至信，淳祐十年庚戌歲也。」烏虖！癡絶世謂其機用如盤珠者，且能益鏇光彩。於其師殁後二十年方瑞世，真所謂色斯舉矣，翔而後集，搏九萬可立而竢也。名字不肯入他人夾袋中，其識又過人，所以聲轟一世，起中峯之道，亦驗在此矣。晚以吾宗喪矣爲憂，聞此得不爲痛心者哉。

絶照鑒禪師因浙歸者上堂云：「相別一何久，相逢只舊時。眉毛分八字，鼻孔大頭垂。諸方鍋兒大小，杓柄短長，直是瞞他一點不得。且道鎮州羅蔔頭，無底籃盛得幾箇？喝一喝，放待冷來看。」上堂云：「古佛與露柱，相交第幾機。南山起雲，北山下雨。金剛與土地神揩背，一擦骨出。可謂家貧猶自可，路貧愁殺人。汝諸人仰面看天，開口取氣，無非這箇消息。因甚不覺不知，若也知去，三世諸佛無容身之地。苟或未然，乾元留取口喫飯。」卓拄杖，下座。大抵宗師家吐露，自是迥別。雖然，須是離言説相，方見老絶照用處。

石田薰禪師初到潭州，禮石霜雷遷塔，偈曰：「一念慈容元不隔，何須特地肆乖張。平高就下婆心切，惱得雷公一夜忙。」名由此彰。見破庵於蘇之穹窿，聞室中舉世尊拈花，答曰：「焦塼打著連底凍，赤眼撞著火柴頭。」庵奇之。石田嘗拈僧問馬祖：「如何是西來的的意？」「雲巢、癡絶爲擊節。傳至徑山，老佛心亦云：「老僧只得避路。」

真淨大師德英，建溪楊文公億五世女孫，性聰善傳會。依達庵，於其四威儀中有悟入，徑上徑山投佛照，應對如飛蓬隨風，照許以爲再來毒種。後説法於蘇之朱明，委蜕于常之淨惠，自讚云：「自賛賛不出，自畫畫不成。有箇本來相，如何呈似人。活潑潑，本無生，鼻孔依然搭上脣。」叢林傳之，癡絶跋其録行世。

月窟清禪師，福州福清人也。少長，因覩鄉閭者焚化，乃曰：「我願作佛，終不爲猛火所燒。」父母訝之。十四歲許以出家，往湖州何山，復庵知爲法器，俾落髮受具。久無所證，不遑寧息。一夜，見僧堂中放琉璃燈省徹，述偈曰：「琉璃放下又放起，一點光明常不已。若人識得這光明，姐姐元來是阿姊。」謁遯庵于華藏，值開室，欣躍而進，復旋踵曰：「我是無罪人，不入這地獄。」後與遯庵酬酢，水乳相合。嘉定間，江右憲使陳公貴謙以臨汝天寧延之。及赴何山請，道聲益著。平生氣尚剛介，厭媮合苟容，多面折人，叢林爲之肅整。此衛護大法者所當然也。

清烈庵主，天台人，居臨安餘杭縣湖西山浹氏庵。年已九十，昏瞳眊瞀，晝夜惟枯坐。將示寂，具蔬飯，會村落百餘人，叙相訣語。同詣山頭，引手長揖，入龕趺坐，説偈云：「這漢無知，説是説非。拳頭竪起，佛也難窺。」化火自焚，由頂、兩肘、兩膝，五處熾然而起，三昧火光，五色璀璨，堅固舍利不可勝計，寶所山主能詳言之。烏虖！淨性心宗，常光熾然，無壞無雜，周遍法界，故烈公遊戲死生之際，如此奇特，豈非平生履踐之明驗歟？抑提多迦、婆須蜜之發現歟？

諸庵元肇禪師，師範有規，精一於道，因雪上堂云：「普賢昨夜呈醜，一片寒光如畫。可憐妙用些兒，引得石人失笑。且道笑箇什麼？金烏飛上欄干，看你一場漏逗。」「頌仲冬嚴寒年年事」云：「野老年來解放懷，兒孫更以酒相陪。只知好景長時在，不覺老從頭上來。」無愧於師矣。昔諸庵與開掩室結伴參松源，源亦不倦針劄，故盡得其妙。是不可無賢師友也，足爲後學法。

漢陽軍鳳棲古月祖照禪師，生緣東川廣安趙氏，禮祥甫山主爲落髮師。敏而疾見，遍遊講肆，所至奪席。忽棄所習，歷閩而浙，依肯堂，明得狗子無佛性話。後入破庵室，見其作直視勢，乃咄云：「野狐精。」破庵劈耳一掌，云：「畢歷不是者箇道理。」又應聲曰：「野狐精。」破庵又與一掌，示以偈云：「一掌幾曾知痛痒，回頭轉腦口喃喃。直饒舌似風雷疾，也落機前第二三。」照嘉定間出世唐興聖果，後在鳳栖室中，垂三句驗學者。一、「和煙釣月」句。頌云：「煙水茫茫釣艇横，日盈月昃未容分。謝郎不是絲綸客，爭免時人錯見聞。」二、「截水停輪」句。頌云：「正眼豁開天地窄，機輪停處海濤乾。等閑拶出驪珠現，無限邪魔心膽寒。」三、「不入驢耳」句。頌云：「儂家一句分三句，見馬逢牛舉似伊。只此更無親切處，眼中聞得始應知。」順世時，以後事囑侍郎楊公恢曰：「微子孰有知予之心者？」楊公爲之嗟嗜輟食，特叙其語。謂脊骨之硬，不減破庵。

寒齋林公公遇，晚年遺外世俗，造入宗門。齋傍有隙地，架草庵以延少林誠公，而風日佳時必過之。二子同合侍立，聽其談論。余間與果藏主到庵，亦竊預焉。淳祐丙午九月，公以疾卒于家，且書偈云：「五十八年熟睡，且喜今朝瞥地。試將老眼摩挲，只這阿底便是。」張横渠亦云：「學者但養心識明淨，自然可見生死存亡，胷中瑩然無疑。」寒翁得之矣。

龍溪聞禪師初遊方，到南康詣雲居。至半嶺，笠頭爲風掀。沿嶺而下，尋至笠所，有省。住常之保安，孤硬清約。僧問：「如何是和尚爲人底句。」溪曰：「鵓鳩樹上啼。」僧曰：「某甲不會。」溪曰：「鼓已響，堂前喫飯去。」無準謂徑而直，簡而峭者也。頃龍溪道重一方，衲子嚮臻堂中，被位鱗次。夏丁旱，未解制，多起單。溪曰：「莫道諸人拄杖子踍跳。後五日，山僧拄杖子亦踍跳。」越五日，沐浴陞堂，歸方丈坐亡。荼毗，迸舍利五色者莫計。保安耆宿云：「岊翁淳禪師，福之石岊人，賦性好獎稱人善，晚進必悉力薦藉。未開法時，妙語已遍叢林。」住慶成，踞室云：「這裏打開，那邊塞路。因甚如此？活膏肓起必死。」謝道舊云：「劒池邊，松峯下，幾回同步至懸崖，牽得驢兒喚作馬。」喝云：「是何話霸？」又云：「二月初一，好箇消息。桃花煞紅，李花煞白。劒池邊楊大伯，笑中打失攔腰白，直至如今尋不得。」喝云：「有甚交涉？」又云：「冷坐守枯椿，没轉身底，多是違時失候。一回寒徹骨，親暢快底，十分和氣春風。衲僧家兩眼如鈴，嗔斗咟地，翫弄神機，風雲自異。儘教酹酒燒錢，低頭賀歲，風蕭蕭，葉飄飄，墻頭桑條動，柳條最苦。北禪唱村田樂，烹露地牛，波波挈挈，怎奈伊何？惹得人收皮骨角【四】，笑裏藏刀。咄！清平世界不用干戈。」誦此如飲玉粭，自然使薄漿荇。於戲，枯禪可謂得其傳矣。了知法乳一源無異味也。

辟支巖主立堅，三山漁溪人也。初以雙線爲活，倏省覺，入應林山中，休粮居于大樹

【四】惹得人收皮骨角　京都本「角」前有一「骨」字，據補。

下。妻子追捕之急，遂剪髮，過莆之囊山辟支巖遁焉。後亦從檀施爲僧。淳祐間，郡守林侯希逸延以龜山陳、沈二禪道場，迫而後就。未幾思舊巖，與同道書云：「夫稱住持者，作衆楷橅【五】，代佛揚化，素無道德言行之譽，未知仁義禮法之由。草座麻衣，木食磵飲，且以爲愧，推向人前，實何以堪？」拂衣徑歸，堅之出處，於緇林亦有助云。

東谷光禪師，風神清拔，有精識，見祚明極，與實齋蔣公爲法喜之遊。蔣録西庵三偈，以寄和酬云：「莫道西庵小，了無邊與表。還他親到來，一一方分曉。」「莫道西庵靜，鐵牛吼聲震。露柱與燈籠，點頭相共應。」「莫道西庵窮，吞空復吐空。相逢金粟老，臈月皷春風。」住靈隱已，罷勸溘然矣。東澗湯公漢祭以文曰：「維東谷師，昂然鶴質，作冷泉主。曾不多日，示病已早，示滅何疾？我雖乍識，開口吐實，問訊殷勤，迹踈情密。」忽遣手書、古畫、名筆，聿來告行，覽之自失。諦觀點畫，宛然遒逸。是過量人，生死齊一。而我凡情，悲涕爲出，雪滿湖山，羸馬難叱。聊持瓣香，往吊其室。一時講道，相往來皆名公卿，是曰同人于門。

蒺藜曇禪師，初居湖州普濟。荒寂如傳舍，夙夜自對聖僧坐禪。凡九年，後住蘇之穹隆。門風愈高峻，尠有入者。室中常云：「穹隆有句子，衲子下語不下語。一例打罵。」無準時在會中爲藏主，少忤被趂出，且曰：「教他住徑山，却來見老僧。」後無準住徑山，因遺漏，行丐吴門。蒺藜猶在虎丘，二老相見，撫掌大笑。

【五】作衆楷橅　「橅」原作「撫」，據京都本改。

鎮江府金山掩室開禪師，成都人也。遍歷講肆，忽然不樂，欲出嶺了大事。樞使安公亦勉以偈曰：「吾有大患爲有身，是身假合亦非真。維摩示病元非病，好向南方更問津。」室抵番陽東湖，值松源開室，聞舉「明眼衲僧，因什麽失却鼻孔？」言下領解」。一日，連案僧見其看經，問曰：「向後得座披衣，如何爲人？」室將經度與僧，僧將經擲于案。室復取，朗聲誦，僧休去。嘉泰辛酉，始赴廬山雲居請。未幾，勑補金山，如藍田法語，皆參禪捷徑。平生所接人，獨得佛海、大昌松源之道。

雙杉元禪師踞室云：「報恩方丈，百無一有。贏得爲人，推門入臼。」示衆云：「衲僧家不知月之大小、歲之閏餘。喫著三角粽子，便道是端午。」忽被報恩移上一，曰：「背他只管半疑半信，今朝依舊點盞茶與伊濕口。驀然咬破菖蒲，出身冷汗，失聲道啞，福建子激惱殺人。大衆，這箇豈不是通靈藥？三十年後，切忌拈却。」嘗入三門云：「鬧市門頭有箇入處，只爲諸人見頑了也。新長老因行不妨掉臂。」顧視大衆云：「隨我來也。」雙杉只據目前，信手拈來，無非耆黄妙劑，換骨法，起死方，何必他覔哉？

荆叟珏禪師作夏靈巖。時癡鈍俾其看狗子無佛性話，言下領旨，因與潛無隱通吐。無隱曰：「是則是，只是命根未斷，更須出去見人始得。」且囑其謁淳庵，叟至華藏，半年無所得。一日，忽聞火板響，凝滯釋然，告於淳庵。庵即鳴皷開室，叟趍入。庵問：「如何是佛？」叟曰：「埜花開滿路。」問：「如何是法？」叟曰：「私酒醉人多。」問：「如何是僧？」叟曰：「鉢盂口向天。」庵曰：「未在，出去！」後叟在癡鈍室中，聞舉如何是佛，震聲答曰：「爛冬瓜。」且述偈曰：「如何是佛爛冬瓜？咬著冰霜透齒牙。根蔕雖然無窖子，一年一度一開花。」荆叟處衆時，得無隱、雙杉力尤多。

福州雪峯北山信禪師，本州人，性方嚴，機迅敏。初學見之，應對多失。次在鼓山時，有僧相看，山問：「近離甚處？」僧曰：「西禪。」山曰：「西禪有何言句？」僧曰：「話墮也。」山曰：「你甚處學得遮些子來？」僧曰：「今日不合觸忤和尚。」山拈拄杖便打，僧奪拄杖，軒渠大笑而出。遂請喫茶，傳是老宣首座去矣。初，北山同月窟過浙，見遯庵於華藏。月窟先有契證，故山得咨決之。後歸里，訪明晦室，分座鼓山，漳守趙公以夫聞其道，以南寺招之。山遜謝曰：「公聞之過。」使三反，乃行。開堂爲同行月窟拈香，時論高之。

枯禪鏡禪師天資淡薄，一無嗜好，惟與衲子提撕，敲磕不倦。有問：「如何是祖師西來意？」枯禪拍禪床一下。今人吐露語言千百，皆不能得到前輩地位。且利害在什麽處？會麽？

癡絶沖禪師嘗赴福州雪峰請，與尚書陳公韡有宿素之雅，招飯私第，以項王像求讚，即拈筆書云：「拔山非力，盖世非氣，八千子弟，同謀共濟。人皆謂天下大器，不可以力爭，必先仁義。殊不知天假其手，以誅暴秦，然後使寬仁愛人者之爲帝。吁！其亦有補於斯世。」公大奇之。癡絶慧辯恢廓，此特緒餘爾。

介石朋禪師，秦溪人，性高簡。僧曰：「寶劒未出匣時如何？」答曰：「杜鵑啼處花狼藉。」僧曰：「出匣後如何？」答曰：「令人長憶李將軍。」僧曰：「出與未出時如何？」答曰：「劒去久矣，汝方刻舟。」「解夏夜參」云：「九旬禁足，網禽宿巢。三月安居，驅狐守塚。向生殺不到處，見三頭六臂，掀翻圓覺伽藍，猶是抱樁打泊。浮雲黄山前，雙檮樹下。九十日内，風以時，雨以時，二六時中，少不添，多不減。一年三百六十日，日日安居，時時自恣。圓者自圓，方者自方，長者自長，短者自短。未免淨地揚塵，畢竟如何？大鵬展翅天路遥，巨鼇轉身海水窄。」示衆類此。晚年寓杭之冷泉，扁其室曰：「青山外人」。景定間，丞相秋壑賈公尤崇敬佛法，與奏得旨，住淨慈。後淮海亦繼其席，皆起於澗東。

石田薰禪師曰：「薰上座住靈隱，亦是不奈何，被人東撈西撈，撈到禪床角頭，回避不及。只得爲祖師，有箇門户，擘破面皮出來，唤作此地無朱砂，赤土以爲上。雖然，看却今時，漸漸赤土也無了，漸漸食泥食土。説著真箇令人寒心【六】。」噫！志於道者，聞此當如何哉？

雙杉元禪師，嘉熙間，乃石田堂中第一座。上丞相書，言朝廷新指揮，買師號、金環象簡不便，書云：「正月十三日，景德靈隱禪寺前堂首座，前住持嘉興府天寧寺僧中元，謹熏沐獻書樞使大丞相國公。竊以爲佛老之教，救世計也。其所以與儒道相參於天地間，

【六】説著真箇令人寒心　「令」原作「箇」，據京都本改。

以能開悟性真，不墮邪見，其功未易量也。我朝太宗皇帝嘗曰：『釋氏之道有補教化。』孝宗皇帝亦曰：『以佛修心，以老治身，以儒治世，斯可也。』張文定謂：『儒道淡薄，一時聖賢盡歸釋氏。』而關洛諸公，亦必玩味釋氏之書，而後能接續洙泗不傳之秘。然教必有主，必有師，國家以度牒許人承買，凡有僧者，各尋師以爲依歸。師苟有道行，則可使迷者悟，塞者通，其裨助世教，要非小補。近世貨賂公行，求爲住持者，吾教之罪人。若以例傳，天下之賢者必深藏遠遁而已，其肯出而爲師？夫師廢則正法微，正法微則邪法熾。以清淨之門而爲利慾交征之地，非國家之福也。譬如家塾黨庠不能無師，不求其能傳道解惑者爲之，而惟賄是視，則弟子何以仰，孔門之教亦幾乎熄，佛老之道，何以異是。若謂佛老之徒身居大厦，日享膏腴，不蠶而衣，不耕而食，爲世所嫉。然天下之人，有無用於世而坐享膏腴之奉者尤衆，何特僧道？寺觀創立，常住供養，非官與之也，以衆人樂施而與之也。寺觀有田，税賦尤倍，又有非待不時之需，正與大家相似。今既買度牒以錢，免丁又增以錢，官府無絲毫之給，而徒重責其利於無窮，則僧道可謂不幸矣。國家愛惜名器泛濫，何以勸勵天下？僧道若以賄得金環象簡，得諸處住持，則嚚頑無賴之徒，皆以賄進，何以整齊風俗？況寺觀雖多，其常住闕乏者甚多，縱使此令一行，第能率斂寺觀之大者，其小者亦豈能應其求？如此則所得能幾？況僧道非能自出己財，求爲住持，必將取之寺觀。師徒相殘，常住心壞，所謂膏腴將見蕪穢，所謂大厦將見爲丘墟，所謂温飽將見爲凍餒。部雖有牒，誰將請之？歲雖有丁，誰將輪之？今日軍需糴本秤提諸券，無非鬻爵。鬻爵之者，或累於國，牒之多者，無病於官。乃循一時不卹之事，斲喪千萬載之利源，殆非理財之長策也。伏覩近降旨揮，增錢鬻爵，識者病之，事不果行，總所今來陳請，正亦類此。伏望鈞慈，詳酌利害，特有敷奏，盡行寢罷服號之命令，僧道不勝幸甚。伏惟鈞慈俯賜鑒念。」不備，時江西粲無文亦有書。先是，朝省因總領岳珂奏，乞降紫衣、師號二等，賜金環象簡，并四字禪師法號，以住大寺觀。每賜服、師號、綾紙，出賣三百緡，仍附品官條制，非有官不得差注；非有賜服不得住持。此書上，事果寢。豈非祕護大法者之用情乎？雙杉住山，能極枯淡，專一行道，若機簡堂，私居雖處暗室，如臨大賓，似證老衲。此亦哲人律己，又見於微細者也。賢矣哉！

枯椿曇禪師，清介寡言，瘦坐竟日，開法越之大禹寺，亦出潤東，僧問：「和尚未見佛心時如何？」答曰：「人貧歸道。」問：「見後如何？」答曰：「色窮歸皂。」嘗舉現成公案，道得也三十棒，道不得也三十棒。侍僧曰：「望師慈悲，開箇方便。」答曰：「將謂你是箇出廐良駒。」僧有省。枯椿，閩人，後住姑蘇虎丘，緇素翕然宗之。

雲巢巖禪師訓學無倦，且能折節下士，慰藉良厚，雋彥歸之。開爐日，示衆云：「是句亦剗，非句亦剗，雪峯輥毬，睦州檐板。惟有趙州老漢向火爐頭拈起香匙火筯，東撥西撥，忽撥得一塊，恰是饒州景德人家壁角頭多年破磁碗，三世如來只管看。」運庵曰：「此語酷似父翁松源。」

南翁明禪師，初入衆時，便能決志參禪，嘗宿天台石橋，遇異僧，指令其見老佛心。翁至太白，投誠預其法席。然室中纔開口，便被叱。私自念曰：「今生不了，則有來生。」已而泪下交頤。後在癡鈍會中爲侍者，晚參侍立，聞鐘鳴鈍曰：「什麽聲？」翁曰：「鐘聲。」鈍曰：「聲來耳畔，耳往聲邊。」翁薄遽未答，被大叱，汗流浹體。始自語曰：「元來浙翁平日叱罵我，皆是徹骨徹髓。」鈍尋常只令其看百丈野狐話。一日，鈍曰：「不落不昧時如何？」翁應聲曰：「不落不昧，鴛鴦一對。水上浮沉，如意自在。」鈍撫而印之。翁，泉州黄氏子，與隆南山同出嶺者。歸里，住溪上教忠至，住莆中囊山，方入寂。

西山亮禪師，福州人。枯硬儉約，嘗蓄紙被一張，補粘殆遍，寒暑不易。由鼓山首座寮赴雲門請，及還黄檗，未嘗别换侍僧。一夜，潛以絹衾易之。亮驚吽，責曰：「我鮮福，平生未嘗敢服縑素，况此被相隨三十年矣，其可棄乎？」聞者謂其住山有古人風。後退席入永陽鴈湖山中，與道者刀畊火種，莫知所終。

平江府萬壽訥堂辯禪師，寄同參偈曰：「猿與黿交割不開，兄呼弟應似忘懷。及乎話到誵訛處，却道心肝不帶來。」時亦稱之。後八坐道場，提倡如阪走丸，真不忝爲巖獃之子，岳聾之孫也。

介石朋禪師曰：「别峰珍和尚退皷山，詣育王。候見大慧，一蒲團於佛殿後坐七十九日。因秦國太夫人請大慧陞座，私自喜曰：『今日得見必矣，果得一見。』語合室中，復投三轉語而去。大慧大奇之，遂與宏智同舉之住岳林。今寺中有塔存焉，别峰偏身有長毫，時號『珍獅子』」。介石題其墨蹟，略言如此。别峰既得法於佛心才，高踞雄席，道顯著矣。復勇於求見妙喜，其意謂何？不可與璞懿遲遲其行同日而語，此所以爲一代宗師之標準也。噫！今只欲一後學七十九日候見尊宿，亦難矣。

守徽庵主，莆人。滿年具戒，居囊山下巖，就巖縛屋，聊蔽風雨。父爲郡胥吏，歲給以粮。凡客至，不論問佛法、世法，皆瞪目視之。有僧問：「如何是庵主家風？」忽答云：「就巖縛屋，掬澗煮糜。」問：「忽有人問西來意，如何祇對？」徽反袂哭云：「苦屈。」觀其雅趣，探其幽旨，非契如之流亞歟？

石溪佛海月禪師曰：「余年三十，方再南，聞空叟有言：『二十行脚，此事休也。』初得此語，心甚不平。過二聖、座元几案間，見窮谷語，舉雲門話墮，於光明寂照中，便有歇泊地頭。及登甌峯，旬日間趂隊入室。先師舉『達磨葬在熊耳，因甚隻履西歸』。余對以『一點水墨，兩處成龍』。復一日，龍袖拂開，面目全露，遂倒跟四載，然後江之南北，浙之東西，親師友，味甘苦，動轉施爲，未嘗向背。今又三十年，尚未能依俙彷佛，信知此事大不容易。『休也』二字，真吾之一知識也，見於示秀上人語。今學者多見之，而不思之，可悲痛也。」佛智老師跋其録云：「石溪未離雲頂，行脚未到處，要須到。既見雲居，開口不得處，要須道。執侍半年，如矢在弦上，知而不自發。至於龍袖拂開，如箭在的中，發而不自知。雖然，早年見松源于北山下，是此話已行，若謂開得口後，方有此録，腦後猶欠石溪一錐在。」烏虖！佛海親證悟法門，於斯見矣。語雖不多，大有控人入處，不可不録。

王孔大，福州徑江人，太學博士宗合猶子。年二十發胄，薦上春官，不售。辛亥歲，毅然効古塔主之風，裂冠剪髮，依莆之辟支巖主立堅，修杜多行。已而人有知者，益上絶巔，編茆居焉。父母勸勒不回。甫二載，聞泉南明教忠法道，焚庵詣之，獻頌云：「燒却山頭破草庵，不圖遊歷不咨參。依師別也無貪著，博飯栽田也要諳。」時教忠於風亭通衢開接待庵，孔大泯泯衆底，折節服勞，施主聞之，勸爲大僧，改名惟玉。教忠亦嘗有偈示之云：「老我居山已許時，著衣喫飯只隨宜。子來將謂有奇特，笑倒東家小厮兒。」後亦有發明，但不久住世而寂，初終與祖麟楊道者略相類。烏虖，惜哉！

西巖惠禪師示衆云：「彌勒真彌勒，水銀無假，分身千百億，阿魏無真。長汀子來也，眼生三角，頭峭五嶽，好未必好，惡未必惡。布袋頭開也，隈隈㟪㟪，骨骨董董，輕如毫毛，重如丘山。拈得便擲，拏得便用。」竪拂子云：「猶是兜率陁天底，只如彌勒未生已前。如何剖露？」擊床云：「收拾雨聲歸舊樹，放教秋色到梧桐。」題五祖、六祖像云：「恨殺此頭陀，山磨恨不磨。吾今檐頭重，爲汝種松多。」西嵓三十餘年，佛鑑處所得底，拈出示人，無涓滴滲漏。後三十年，點眼藥也。

丞相鄭公清之，嘗謁妙峰善禪師。坐定，峰曰：「相公留心此道，還有歡喜處也無？」公曰：「且坐喫茶。」峰曰：「不是心，不是佛，不是物，相公作麽生？」公曰：「低聲，低聲。」峰曰：「也須子細。」公曰：「描也描不成，畫也畫不就。」峰默然。老師嘗言此，因識之。

福州越山法深禪師，本州人。未落髮時，已有見處。依月窟於梅嵓得度，浙遊至雙徑。無準一見而器之，俾掌翰墨。議者以其年少未稱職，爲遠上座起骨云：「末後一著，始到牢關，山遥水遠，火冷雲寒。啞！不是髑髏眼活，進遮一步也大難。大難。」衆始伏膺。歸里，居梅嵓十餘年，自號「雲山畊叟」，樞相鄭公性之、尚書陳公韡閒居日，相與講道，白郡致主釣臺。寶祐間，遷越山，未幾而逝，故名不顯著。

祖昌庵主，不知何許人。隱於天目山中【七】，結庵取陳墳，約二十餘里。雙徑榮首座嘗遊山中，偶至其庵，荆棘薈密，墻壁傾斜。昌頹然於路口，倚杖而立，雪眉霜鬢，壞衲弊履，人物可畫，且欣然揖入共坐。榮視左右，瓶無儲粟，竈有餘煙，心甚異焉。問：「居山今幾年？」遂稱名答曰：「不記年矣。」益奇之，問：「粮食誰供？」答曰：「仰給陳氏，今無矣。」問：「何不行脚去？」答曰：「達磨不來東土，二祖不往西天。」問：「如何是隱者家風？」答曰：「猛虎一聲山月高。」遂屏息不敢復問。少焉，昌出茗芽，令掬水噍之。徐叩雙徑歷代尊宿，咨嗟久之。盖嘗見典牛塗毒來，若言其見前輩，不翅百齡矣。又曰：

【七】隱於天目山中　「目」原作「日」，據京都本改。

「路遠宜即歸。」榮明年拉同道訪之，已失其處。豈非世出世間之異人者耶？要當於懶殘、西山亮輩中求也。

温陵黄允，字孚中，晚年喜參請，知罪福。嘗言，昔爲護國主首，撰《開堂疏》，曾受其潤筆資。作《懺悔疏》，備元物詣寺，供設還謝，叙事簡核。略云：「諲長老之住護國，劉大卿之守温陵。允也時預計偕，當趨省試。開堂撰疏，難逃府命之嚴；潤筆貽資，實出僧儲之有。昔爲貧而受也，今如數以還之。二十三年，常作懷慚之客；七十五稔，方成了事之翁。」聞者嗟服。

平江府開元別翁甄禪師，西蜀人也。初入閩，見枯禪，悟其機用，後從遊癡絶，得其至要。淳祐間，開法衢之南禪，臘八上堂，擧「世尊正覺山前夜覩明星，忽然悟道」，乃云：「奇哉！一切衆生具有如來智慧德相，但以妄想執著而不能證。」拈云：「釋迦老子未覩明星以前，不妨令人疑著；既覩明星之後，説出許多不才淨，心肝五臟總被別人覷破，還有爲釋迦老了作主底麽？」別翁徒有此語，只知釋迦老子心肝五臟被別人覷破，殊不知，別翁心肝五臟又被別人覷破了也。

跋

此集所記，皆近世善知識也。中間如柔萬菴、元雙杉，皆余舊方外友，日篠塘賢、碎支堅，則余誌其塔矣。悟兄舍儒入釋，其敬慕前輩如此，進進未可量。所論金華元首座前後話頭，已具眼目，大慧所謂顛倒禪，正道著此病，悟能以是求之，他日與此集諸老共入《僧寶傳》矣。竹溪鬳齋林希逸題，景定四年夏四月。

跋

飲光破顔，神光得髓而降，前德入道機緣。其輯録者，不識幾則，前有《景德》，後有《嘉泰》，況於增集之諸録乎？閩枯崖圓悟禪師，峻機妙用，獨脱無依，常能有聲畫，又通無聲詩，箇箇無不具眼目。世寒暑不能易其芳者，師德也；江海無以臻其極者，師量也。曾往來于雙徑之日，採近世諸老應機接物，罵柳指柏底美談，輯曰《枯崖漫録》。凡前代諸燈所遺逸者，足考之，加旃吸其精，不眩其英；啜其實，不饋其華者。隨分各有入處，豈非所謂五燈之後，復見一燈哉。然扶桑所梓，行未以國訓，便於句讀。故宗宿見之，貴不亂素製，庸學以之憾，難通俗習。其猶如南人食稻，北人食粟，誰一之，於茲施點於副墨之子，以付書林。冀使洛誦之孫，易窺祖墻矣。予曾聞此齊名之海才，尚辭倭訓之□敕，而有凡才之謙，如今則不然也。嗚呼！宗宿之罪人，庸學之益者乎。時寶永四歲次丁亥春二月上浣，讚之高松慈恩參徒機海子，操觚於洛西寓舍。

圖書在版編目（CIP）數據

全宋筆記. 第7編. 7 / 上海師範大學古籍整理研究所編.— 鄭州 ：大象出版社，2015. 12

ISBN 978-7-5347-8732-4

Ⅰ. ①全…　Ⅱ. ①上…　Ⅲ. ①中國歷史—史料—宋代
Ⅳ. ①K244. 066

中國版本圖書館 CIP 數據核字（2015）第 314318 號

全宋筆記

第七編　七

出 版 人　王劉純
特約編輯　陳　新
責任編輯　郭一凡
整體設計　張　勝
出版發行　大象出版社
　　　　　鄭州市開元路16號(450044)
製　　版　上海杰申電腦排版有限公司
印　　刷　鄭州瑞光印務有限公司
版　　次　2016年2月第1版第1次印刷
開　　本　640mm×960mm　1/16　15.25印張
字　　數　185千字
印　　數　850册
定　　價　58.00元